SEX**EDUCATION**

Ein Verlag in der westermann GRUPPE

Die Originalausgabe erschien 2021 in Großbritannien unter dem Titel
»SEX EDUCATION: a guide to life« bei Wren & Rook, ein Imprint von
Hachette Children's Group
Part of Hodder & Stoughton
Carmelite House
50 Victoria Embankment
London EC4Y 0DZ

MIX
Papier aus verantwortungsvollen Quellen
FSC® C110508
www.fsc.org

1. Auflage 2021

Rottendorfer Straße 16, 97074 Würzburg

Aus dem Englischen von Ulrike Köbele

Dieses Buch wurde von Expert*innen, Sexualtherapeut*innen und inklusionssensitiven Leser*innen geprüft; einschließlich des Psychiaters und Autors Dr. Max Pemberton, der zertifizierten Sexualerzieherin und Doktorin der Pädagogik Dr. Nadine Thornhill und der Psychiaterin, Pädagogin und Beraterin für Sex und Beziehungen Charlie Hart.
Cover- und Innenillustrationen: SEX EDUCATION TM/© Netflix 2021, Fionna Fernandes, Shutterstock
Satz: Hermann Zanier, Berlin

Gesamtherstellung: Westermann Druck Zwickau GmbH
Printed in Germany

ISBN 978-3-401-60664-4

Besuche den Arena Verlag im Netz:
www.arena-verlag.de

Arena
SEX EDUCATION
Das ultimative Aufklärungsbuch
KEINEN BOCK AUF 'NE BEZIEHUNG!
Ich hab mit einer Orange geübt.
MOORDALE
Ich bin, wer ich bin.
ICH WEIß, WAS ICH WILL!
NETFLIX
EIN NETFLIX ORIGINAL
Mit Vorwort von Serienschöpferin Laurie Nunn

WILLKOMMEN AN DER MOORDALE SECONDARY

INHALT

VORWORT

Die Schulzeit war für mich eine ziemlich unangenehme Erfahrung. Mit sechzehn war ich schrecklich unbeholfen, trug eine Brille und eine fette Zahnspange und kämpfte mit hartnäckiger Akne, die sich bevorzugt über meinen gesamten Rücken ausbreitete. Außerdem pflegte ich eine fast schon zwanghafte Begeisterung für Musicals und schrieb in meiner Freizeit leidenschaftlich gern *Herr-der-Ringe*-Fan-Fiction. Ich war also quasi verdammt, niemals richtig dazuzugehören, dachte ich. Wie so viele andere nerdige Teenager vor mir flüchtete ich mich in Filme und Fernsehserien. Ich lebte durch die Charaktere von *Dawson's Creek, O.C., California* und *10 Dinge, die ich an Dir hasse*. Wenn ich ihnen dabei zusah, wie sie neue Freundschaften schlossen, sich verliebten und Sex hatten, fühlte ich mich weniger allein. In diesen Welten bekamen die Mobber immer, was sie verdienten, die Nerds und Außenseiter gewannen am Ende und die unscheinbaren Mädchen kamen mit dem Jungen ihrer Träume zusammen. Ihre Geschichten gaben mir, die ich nie auf Partys eingeladen wurde, im Sportunterricht immer als Letzte gewählt wurde und noch nie geküsst worden war, das Gefühl, dass da jemand ist, der mich sieht und versteht.

Die Liebe für diese Art von Filmen und Serien begleitet mich bis heute. Wenn ich mal mies drauf bin, schaue ich mir eine dieser Teenieromanzen aus den Neunzigern an und sofort geht es mir wieder besser. Als ich dann anfing, fürs Fernsehen zu schreiben, wusste ich, dass es genau diese Art von Welt war, die ich zum Leben erwecken wollte. Und *Sex Education* war die perfekte Gelegenheit für das unscheinbare sechzehnjährige Mädchen in mir, sich mal so richtig auszutoben. Ich wollte eine Serie erschaffen, die etwas Warmes, Ermunterndes ausstrahlt, in der die Charaktere nett zueinander sind und in der es als mutig und unterstützenswert gilt, sich von seiner verletzlichen Seite zu zeigen. Außerdem wollte ich damit ein Zeichen für bessere Kommunikation setzen und den unzureichenden Informationen über Sexualität und Beziehungen etwas entgegenstellen, mit denen die meisten von uns in der Schule abgespeist worden sind.

In meiner Erinnerung verbinde ich den Aufklärungsunterricht von damals hauptsächlich mit Furcht und Scham. Die Kernaussage, die ich daraus mitgenommen habe, war, dass Sex etwas Furchterregendes ist, das mich entweder schwanger macht oder mir eine juckende Vagina beschert … oder beides! Über meinen Körper oder meine Sexualität habe ich dagegen nichts gelernt, genauso wenig wie über meine Rechte und Bedürfnisse als junge Frau. Und dass es Menschen mit anderen Identitäten und Erfahrungen gibt? Vergiss es. Leider ist dieses Trauerspiel für die meisten Schüler*innen bis heute Realität, ungeachtet der Tatsache, dass dadurch tief sitzende emotionale Schäden entstehen können. Umso glücklicher macht es mich, wie toll *Sex Education* gerade bei jungen Menschen ankommt. Es ist herzerwärmend, zu wie vielen Gesprächen über gegenseitiges Einverständnis, positive Körperwahrnehmung, LGBTQI+-Themen und weibliche Lust die Serie angeregt hat.

Trotzdem bleiben viele Fragen, die wir im Rahmen der Serie nicht ausführlich behandeln können. Deswegen habe ich mich wahnsinnig gefreut, als ich von diesem Buch erfahren habe. *Sex Education: Das ultimative Aufklärungsbuch* ist exakt die Art von Ratgeber, den ich gebraucht hätte, als ich sechzehn und auf der Suche nach klaren, verständlichen und wertungsfreien Informationen über diese brandneue, mir völlig fremde Welt der Sexualität war. Die Kapitel entstanden in enger Zusammenarbeit mit brillanten, klugen Fachleuten mit verschiedensten persönlichen Hintergründen und behandeln so ziemlich alles, was es zu diesem Thema zu wissen gibt, von Schambehaarung bis zu Liebeskummer. Und zwischendurch melden sich Moordales Sexperten mit ihren eigenen weisen Ratschlägen zu Wort. Wie die Serie rückt das Buch die chaotische Lebens welt von Teenagern ins Zentrum und ermutigt jede*n Einzelne*n von uns dazu, über all die Dinge zu reden, die uns Angst machen und verunsichern. Und uns Hilfe zu suchen, wenn wir einmal nicht weiterwissen. An alle Nerds, unscheinbaren Mädchen und unverstandenen Seelen dort draußen: Ich hoffe, ihr könnt etwas daraus mitnehmen und dieses Buch hilft, dass ihr euch ein bisschen weniger allein und ungesehen fühlt.

Laurie Nunn,
Serienschöpferin von *Sex Education*

REDEN WIR ÜBER SEX

Hallo und willkommen!

Hattest du auch schon mal das Gefühl, vor lauter Beziehungswirrwarr nicht mehr zu wissen, wo dir der Kopf steht? Sex, Gefühle, die eigene Identität – nicht leicht, dabei immer den Durchblick zu behalten. Oder vielleicht gibt es da diese eine Frage zum Thema Freundschaft, Glück oder psychische Gesundheit, die dir seit Langem unter den Nägeln brennt, die du dich aber nie zu stellen getraut hast. Keine Sorge, damit bist du nicht allein. Frag nur mal die Schüler*innen der Moordale Secondary.

Und wer sich auf eigene Faust auf die Suche nach Antworten macht, findet sich schnell in einem wahren Minenfeld aus widersprüchlichen Informationen wieder. Was nicht zuletzt daran liegt, dass es viele Menschen bis heute als unangenehm oder sogar peinlich empfinden, über Sex zu reden. Statt Ängste und Sorgen aus dem Weg zu räumen, werden sie durch diese Sprachlosigkeit nur noch verstärkt. Dabei gibt es *nichts,* wofür du dich schämen musst, wenn es um dein psychisches oder körperliches Wohlbefinden geht.

Viele Informationen zum Thema Sex und Beziehungen sind total veraltet, verwirrend und bilden nicht mal ansatzweise das breite Spektrum persönlicher Erfahrungen ab. Die Schüler*innen der Moordale können ein Lied davon singen (ihr Aufklärungsunterricht ist das beste Beispiel dafür). Deswegen haben sie lautstark gefordert, dass der völlig überholte und nicht besonders hilfreiche Lehrplan *endlich* aktualisiert wird. Ziel dieses Buches ist es, Antworten auf ihre Fragen zu bieten – und mehr.

Dabei rausgekommen ist ein praktischer Ratgeber randvoll mit allem, was es über das Leben, die Liebe und das ganze Drumherum zu wissen gibt. Klar und verständlich, für alle und über alles. Denn jede*r ist anders und das ist auch gut so.

Und weil absolut jede*r ein Recht auf die besten Informationen hat, die er/sie (und alle anderen) benötigt, um sich stark, geliebt und selbstbewusst zu fühlen, haben ein Arzt und zwei Sexualtherapeutinnen an diesem Buch mitgewirkt. Du sollst dich schließlich darauf verlassen können, dass dieser Ratgeber dir alles mitgibt, was du brauchst, um ein gesundes Verhältnis zu Liebe und Sex zu entwickeln und herauszufinden, was sich für dich gut und richtig anfühlt.

Außerdem teilen Otis und seine Freunde und Freundinnen von der Moordale ihre eigenen Erfahrungen mit dir – vielleicht kannst du dadurch ja auch noch das eine oder andere lernen.

Also, los geht's. Hol tief Luft und lockere deine Stimmbänder – denn jetzt reden wir über

S-E-X!

Ola
MOORDALE
SECONDARY
Lily
Eric
Aimee
Jackson
Adam
Otis
Maeve
Ruby
Anwar
& Olivia

AKTEN**KUNDIG**

Was denkt Hope, die neue Rektorin, wirklich über Otis und seine Freunde? Ein Blick in die Schülerakten verrät es …

SCHULAKTEN: *VERTRAULICH*

DER NERDIGE: **OTIS MILBURNE**

- Hat Sexberatung angeboten. Angeblich, um zu helfen – oder will er bloß das Sexleben der anderen ausspionieren?
- Hielt sich früher meist im Hintergrund, bis er mit seiner Beratung anfing und diesen ganzen Aufklärungsunsinn losgetreten hat.

DER WIDERSTREBENDE SPORTSTAR: **JACKSON MARCHETTI**

- Ehemaliger Schulsprecher. War der Stolz der Schule, bevor er »zu sich fand« und aus der Bahn geriet.
- Empfindsam, aber schlau. Kann möglicherweise noch auf den rechten Weg zurückgebracht werden.

DIE EXZENTRISCHE: **LILY IGLEHART**

- Alien-besessen, lebt meist in ihrer eigenen Welt.
- Der Kopf hinter der Schulaufführung von *Romeo und Julia*. Unakzeptabel!

DIE VERPEILTE: **AIMEE GIBBS**

- Liebenswert, aber etwas verstrahlt – vielleicht nicht die hellste Kerze im Leuchter.
- Benötigt ggf. Hilfe zur Traumabewältigung nach sexuellem Übergriff durch Mann im Bus.

* Achtung: Backt gern. Auf keinen Fall probieren!

DER NETTE: **ERIC EFFIONG**

- Immer gut drauf. Scheint von allen gemocht zu werden.
- Sollte sich mehr auf seine schulischen Leistungen konzentrieren als auf sein Liebesleben und seinen Modegeschmack.

DIE SUPERKLUGE: **VIVIENNE ODESANYA**

- Schlauer, als ihr guttut. Ist extrem ehrgeizig und weiß, was sie will.
- Beängstigend fokussiert, aber wohl nicht allzu selbstsicher.

DER STÖRENFRIED: **ADAM GROFF**

- Sohn des ehemaligen Rektors Mr Groff.
- Früher dauergereizt und wenig umgänglich.
- Scheint endlich den Wert einer ordentlichen Ausbildung zu begreifen. Mal sehen, wie lange das anhält.

DIE AUFGESCHLOSSENE: **OLA NYMAN**

- Sehr direkt und ehrlich. Offen für Neues, siehe Beziehung zu Mitschülerin Lily.
- Fleißig und sehr besonnen, hatte jedoch einige Schwierigkeiten, sich an ihre neuen Lebensumstände zu gewöhnen. Braucht eventuell etwas zusätzliche Unterstützung hier und da.

DIE UNBERÜHRBAREN:
ANWAR BAKSHI, OLIVIA ANAND, RUBY MATTHEWS

- Nur im Dreierpack zu haben – Ruby ist die Anführerin, die anderen folgen ihr.
- Rubys Beziehung zu Otis könnte die Gruppendynamik gefährden – Situation im Auge behalten.

DIE BEÄNGSTIGENDE: **MAEVE WILEY**

- Erscheint zuweilen etwas schroff und unnahbar. Schlau, aber oft zu vorlaut.
- Hochintelligent, kann es weit bringen, wenn man ihr die richtigen Weichen stellt. Erste Moordale-Absolventin, die Premierministerin werden kann?

OFFEN UND UNVERBLÜMT: **CAL BOWMAN**

- Möchte als divers bezeichnet werden. Teil der Skaterclique.
- Will sich partout nicht an die neue Kleiderordnung halten. Kann noch für Probleme sorgen.

DER COOLE: **RAHIM HARRAK**

- Wirkt meist launisch oder grüblerisch.
- Ständig in irgendwelche Gedichtbände vertieft. Wäre schön, ihn öfter lächeln zu sehen.

1

WARUM FREUNDSCHAFT SO WICHTIG IST

Gute Freund*innen sind unbezahlbar. Es ist einfach schön zu wissen, dass da jemand ist, der an unserem Leben teilhat und mit dem wir über alles Mögliche reden können. Jemand, bei dem wir uns auch mal anlehnen und ausheulen können, wenn es uns gerade nicht gut geht.

Manche Menschen begleiten uns nur für eine kurze Zeit, mit anderen bleiben wir über Jahre befreundet. Genau wie wir entwickeln sich auch Freundschaften weiter und verändern sich. Es ist völlig normal, dass sich diese Beziehungen im Lauf eines Lebens wandeln. Zu manchen Freund*innen verlieren wir vielleicht nach und nach die Verbindung, bis wir irgendwann merken, dass wir einander nichts mehr zu sagen haben. Andere sehen wir monate- oder sogar jahrelang nicht und trotzdem ist sofort wieder alles wie früher.

Eine gute, stabile Freundschaft aufzubauen und zu erhalten, benötigt viel Zeit und Pflege. Und natürlich kann es trotz allem auch mal krachen. Wie in jeder Beziehung gilt: Kommunikation ist das A und O!

WAS MACHT **GUTE FREUNDE AUS?**

Wenn es um Freundschaften geht, ist Qualität sehr viel wichtiger als Quantität. Gute Freund*innen unterstützen dich, bereichern dein Leben und geben dir ein tolles Gefühl. Mit ihnen kannst du Spaß haben und Abenteuer erleben oder einfach nur nächtelang quatschen. Gute Freund*innen sind aber vor allem auch dann für dich da, wenn du jemanden brauchst, auf den du dich verlassen kannst. Jemanden, dem du deine Geheimnisse anvertrauen kannst. Und an den du dich wenden kannst, wenn es mal nicht so gut läuft. Gute Freund*innen sind ehrlich (aber nie so, dass es wehtut), feuern dich an (oder geben dir einen Wink, wenn sie finden, dass dein Outfit gar nicht geht) und helfen dir herauszufinden, wer du wirklich bist.

Manchmal findest du so einen Freund oder so eine Freundin genau dort, wo du am allerwenigsten damit gerechnet hättest. Tatsächlich müsst ihr gar nicht unbedingt viel gemeinsam haben, um befreundet zu sein. Nur weil dein Kumpel auf Death-Metal steht, während du der weltgrößte Taylor-Swift-Fan bist, heißt das nicht, dass ihr nicht trotzdem beste Freunde sein könnt. Freundschaft ist mehr, als bloß die gleichen Interessen zu haben. Es geht darum, eine echte Verbindung zu teilen, miteinander lachen und vor allem: einander vertrauen zu können.

Als Adam bei uns im Laden angefangen hat, machte er einen auf harter Typ. Aber ich habe gleich gespürt, dass mehr in ihm steckt, und wollte ihn echt gern besser kennenlernen, auch wenn es nicht so schien, als hätten wir viel gemeinsam. Ich war einfach nett zu ihm und dadurch hat er irgendwann angefangen, sich mir zu öffnen. So habe ich schnell gemerkt, dass seine harte Schale wirklich nur Show war. Tief drinnen war er total unglücklich und unsicher. Ich glaube, ich war die Einzige, die freundlich zu ihm war und ihm zugehört hat. Dadurch habe ich einen ziemlich coolen neuen Freund gewonnen. Und wie sich zeigt, gibt es tatsächlich einiges, was wir gemeinsam haben!

OLA

Ihr müsst auch nicht permanent zusammen sein. Bei einer echten Freundschaft spielt es keine Rolle, wie viele Stunden am Tag ihr miteinander verbringt. Manchmal kannst du dich einer Person total verbunden fühlen, von der du das vorher nie gedacht hättest. Wichtig ist, dass ihr füreinander da seid, wenn es drauf ankommt.

Ich war eigentlich immer zufrieden mit mir, auch wenn ich ein bisschen anders bin. Ich hatte nie das Bedürfnis, mich anzupassen. Aber durch die Sache mit Hope habe ich plötzlich angefangen, daran zu zweifeln, wie ich meine Persönlichkeit ausdrücke. Und das hat ziemlich an meinem Selbstbewusstsein gekratzt. Ich hatte auf einmal das Gefühl, irgendwie weniger … ich selbst sein zu dürfen. Ausgerechnet Otis hat mir geholfen, denn durch ihn ist mir klar geworden, dass ich mir von niemandem vorschreiben lassen muss, wer ich bin und was mir gefällt. Wir hatten eigentlich nie viel miteinander zu tun, deswegen kam das ziemlich unerwartet. Aber ich schätze, er hat wohl recht. Man muss nicht Tag und Nacht zusammen rumhängen, um befreundet zu sein.

LILY

Wenn man jung ist, glaubt man noch, es gebe unendlich viele Menschen, die einen wirklich verstehen. Aber weißt du, eigentlich ist das höchstens eine Handvoll.

REMI

ICH BIN **FÜR DICH DA**

Was ist das Wichtigste, das du für einen Freund oder eine Freundin tun kannst? Für sie da zu sein, sie zu unterstützen und für sie einzustehen, wenn sie es am dringendsten brauchen, gehört wohl ganz oben auf die Liste.

Manche Menschen können furchtbar gemein zueinander sein, vor allem, wenn sie sich durch die Anonymität des Internets geschützt fühlen. Aber wenn du mitbekommst, wie jemand sich anderen gegenüber mies verhält, sie runterputzt oder lächerlich macht, **geh dazwischen.** Es ist leicht, solche Kommentare zu ignorieren, schließlich haben sie ja nichts mit dir zu tun. Nur: Wenn die Leute glauben, damit einfach durchzukommen, hören sie nie auf. Wer weiß, wie weit sie dann noch gehen? Wenn du dich nicht wohl dabei fühlst, sie direkt anzusprechen, kannst du dich auch an einen Lehrer oder einen anderen Erwachsenen wenden oder Freunde um Hilfe bitten. In den sozialen Medien kannst du derartiges Verhalten außerdem meist auf der jeweiligen Seite melden.

Das ist besonders wichtig, wenn es sich bei den betroffenen Personen um Angehörige einer gesellschaftlichen Minderheit handelt. Menschen werden leider immer noch viel zu oft wegen ihrer Hautfarbe, Identität, Sexualität oder Behinderung beleidigt und diskriminiert und erhalten im Gegenzug deutlich weniger Unterstützung. Wir alle sind gefragt, unseren Teil dazu beizutragen, dass sich das ändert. Und manchmal kann schon eine kleine Geste wie ein freundliches Wort oder ein Widerspruch gegen einen besonders fiesen Kommentar helfen, damit sich der oder die Betroffene nicht ganz so alleingelassen fühlt.

An meinem Geburtstag sehen Otis und ich uns immer Hedwig and the Angry Inch *an – wir verkleiden uns und haben einen Riesenspaß. Als er mich dann wegen dieser Vaginafoto-Sache sitzen gelassen hat, war ich echt wütend und enttäuscht. Aber wirklich schlimm daran war, dass er mich dadurch in Gefahr gebracht hat. Ein paar rückständige Vollidioten haben mich angegriffen, bloß weil mein Outfit nicht in ihr Weltbild passte. Das hat mein Selbstbewusstsein ziemlich erschüttert und ich habe eine Weile gebraucht, mich davon zu erholen. Otis hat kein bisschen an meine Sicherheit gedacht und das hat daran am meisten wehgetan.*

ERIC

FREUND ODER **FEIND?**

Leider kommt es manchmal auch vor, dass eine Freundschaft dir nicht guttut. Aber woran erkennt man einen schlechten Freund oder eine schlechte Freundin? Es gibt natürlich viele verschiedene Anzeichen, aber besonders deutlich wird es, wenn er oder sie …

- ✖ **gemein zu dir ist,**
- ✖ **hinter deinem Rücken über dich redet,**
- ✖ **die eigenen Bedürfnisse immer an erste Stelle setzt,**
- ✖ **dich hängen lässt,**
- ✖ **dich abserviert, sobald jemand Besseres um die Ecke kommt.**

Es ist nicht okay, wenn jemand dich mies behandelt und dafür sorgt, dass du dich schlecht fühlst. **Du hast was Besseres verdient.**

Hab keine Angst davor, eine Freundschaft zu beenden, die für dich nicht funktioniert. Toxische Beziehungen können ernsthafte Folgen für deine psychische Gesundheit haben (mehr dazu in Kapitel 10), daher solltest du versuchen, Menschen zu meiden, in deren Nähe du dich nicht wohlfühlst. So schaffst du in deinem Leben auch gleich mehr Platz für jemanden, der deine fünfzig »saukomischen« Katzenvideos am Tag zu schätzen weiß. Und so jemand wird kommen, ganz sicher.

Es ist völlig normal, cool oder beliebt sein zu wollen, aber das heißt nicht, dass du nur auf Äußerlichkeiten setzen solltest. Möchtest du wirklich Teil der Lästerclique sein, die zu allen gemein ist? Anfangs mag sich das vielleicht sogar toll anfühlen (wer würde schließlich nicht gerne an der Spitze der Nahrungskette stehen?), aber auf Dauer können die vielen kleinen Sticheleien und Boshaftigkeiten untereinander echt anstrengend werden.

Es war falsch, das Foto von Rubys Vulva in der ganzen Schule rumzuschicken. Ich hatte es einfach satt, wie sie mich behandelt hat. Trotzdem: Das ist keine Entschuldigung, solche Bilder hinter jemandes Rücken zu verbreiten. Ich war so wütend, habe mich aber nicht getraut, sie direkt darauf anzusprechen. In dem Moment wollte ich es ihr nur noch heimzahlen. Inzwischen weiß ich, dass es falsch ist, anderen wehzutun, um meinen Gefühlen Luft zu machen. Wenn jetzt so was passiert, versuche ich immer, darüber zu reden.

OLIVIA

Beliebt zu sein, ist nicht das Gleiche, wie gemocht zu werden. Manche Leute werden von allen bewundert, weil sie gut in Sport sind oder den perfekten Modegeschmack haben. Aber wenn es dann wirklich mal drauf ankommt und sie jemanden zum Reden brauchen, ist plötzlich niemand da. Und ist es am Ende nicht viel schöner zu wissen, dass deine Freund*innen zu dir halten, wenn es dir mal nicht gut geht, statt fürchten zu müssen, dass sie dich fallen lassen wie den heißen Trend von letzter Saison?

EINS, ZWEI, **VIELE**

Du glaubst, du hast die passenden Leute noch nicht gefunden? Kein Grund zur Panik! Nicht allen fällt es leicht, neue Freund*innen zu gewinnen, und es ist völlig normal, sich auch mal einsam zu fühlen. Einige Menschen finden ihre BFFs schon im Kindergarten, andere lernen sie im Internet kennen oder begegnen ihnen sogar erst viel später im Leben. Und nur weil du nicht haufenweise Kumpels hast, heißt das nicht, dass irgendwas mit dir nicht stimmt. Manche mögen es eben geselliger, während andere sich mit ein, zwei engen Freund*innen wohlerfühlen. Falls du Schwierigkeiten hast, neue Leute kennenzulernen, versuch es doch mal über gemeinsame Hobbys und Interessen – online oder analog, zum Beispiel in einem Verein oder Fanclub.

Wenn du eine Handvoll Leute hast, auf die du zählen kannst, kannst du dich glücklich schätzen. Manchen reicht es aber auch schon, nur einen besten Freund oder eine beste Freundin zu haben, so wie Maeve und Aimee. Beide haben jede Menge gute Kumpel und Leute, mit denen sie abhängen, aber wenn es hart auf hart kommt, sind sie immer füreinander da. Und zu zweit sind sie einfach unschlagbar.

FREUNDSCHAFT ODER **LIEBE?**

Wenn du viel Zeit mit immer denselben Freund*innen verbringst, lernt ihr wahrscheinlich auch oft die gleichen Leute kennen. Und der eine oder die andere ist vermutlich ziemlich heiß. Was also, wenn du und dein Kumpel auf dasselbe Mädchen abfahrt oder du dich in den Ex deiner besten Freundin verknallst?

Wichtig ist, dass ihr darüber redet und eine Lösung findet, mit der ihr beide leben könnt. Hier sind ein paar Fragen, die du dir stellen solltest:

Wenn die betreffende Person den ersten Schritt machen würde, wie würde sich dein*e Freund*in dabei fühlen?

Hättest du das Gefühl, dass ihr im Wettstreit miteinander steht?

Bist du absolut sicher, dass eure Freundschaft nicht doch irgendwann darunter leiden würde?

Wenn du und die Person ein Paar wärt, wäre es merkwürdig, gemeinsam mit den anderen abzuhängen?

Was würde dein*e Freund*in empfinden, wenn er/sie euch beim Knutschen sehen würde?

In so einer Situation solltet ihr absolut ehrlich zueinander sein. Sprich aus, wie du dich dabei fühlst. Natürlich wollen wir alle, dass unser bester Freund oder unsere beste Freundin glücklich ist, aber doch sicher nicht auf Kosten unserer Freundschaft. Es bringt nichts, jetzt großzügig zu sein und euch dann später gegenseitig Vorwürfe zu machen.

Was, wenn du dachtest, es wäre okay für dich, und dann merkst, wie dich die Eifersucht auffrisst? Oder du stellst fest, dass deine Gefühle schon wieder nachlassen? Möglicherweise kommt es dir auch so vor, als würdest du deinen besten Kumpel an jemand anderen verlieren. Was es auch ist: Das Beste, was du tun kannst, ist, offen und ehrlich mit deinem Freund oder deiner Freundin darüber zu reden.

Und wenn du dir mal nicht sicher bist, helfen dir diese vor Weisheit nur so sprühenden Slogans vielleicht weiter:

Wer braucht schon 'nen Freund, wenn man 'ne Beziehung hat?

ERIC

(weil Pommes auch Liebe brauchen)

GEBT EUCH **RAUM**

Auch unter Freund*innen kann es mal krachen. Kleinere Meinungsverschiedenheiten sind ganz normal, wenn man so viel Zeit miteinander verbringt. Und je näher ihr euch steht, desto heftiger können die Folgen sein. Denn die Gefahr ist groß, dass ihr irgendwann anfangt, einander für selbstverständlich zu nehmen, und euch entsprechend verhaltet. Unter Umständen sagt ihr sogar Dinge, die den anderen verletzen, sei es, weil ihr nicht nachgedacht habt oder weil ihr glaubt, damit durchzukommen. Aber jeder Mensch hat seine Grenzen, und wenn die einmal überschritten sind, gibt es vielleicht kein Zurück mehr.

Auch hier gilt: Ehrlich währt am längsten. Viele finden einen Streit weniger schlimm als das Gefühl, belogen worden zu sein.

Ich war stinkwütend, als ich rausgefunden habe, dass Aimees Mum den Trip nach Frankreich für mich bezahlt hat. Deswegen hatten wir einen Riesenstreit. Ich weiß, sie dachte, sie würde mir einen Gefallen tun, aber ich habe mich fürchterlich geschämt. Ich brauche keine Almosen! Nach der Nummer war ich echt angepisst und Aimee auch, also sind wir erst mal auf Abstand gegangen, um ein bisschen abzukühlen. Das war auch besser so. Ich glaube, wenn wir sofort versucht hätten, uns zu vertragen, hätten wir uns gleich wieder in die Haare gekriegt.

MAEVE

> *Eine Entschuldigung ist nicht nur soziale Etikette. Das ist ein äußerst wichtiges menschliches Ritual, das Menschen einander näherbringt und hilft, Vergangenes hinter sich zu lassen.*
>
> **JEAN**

Nach einem Streit ist es leicht, in Selbstmitleid zu versinken und seinem Gegenüber die ganze Schuld zu geben. Die Emotionen kochen hoch, dein Körper schüttet Unmengen Adrenalin aus und alles in dir schreit danach, zurückzuschlagen oder wegzurennen. Kein Wunder also, dass du gerade nicht ruhig und besonnen bleiben kannst.

In solchen Momenten ist es gut, erst mal auf Abstand zu gehen. So kannst du über alles nachdenken und merkst vielleicht (so ärgerlich das auch sein mag), dass dein*e Freund*in doch nicht *ganz allein* schuld war.

DU MUSST NICHT **JEDE*N MÖGEN**

Unsere Welt ist groß und voller Unterschiede – da ist klar, dass nicht alle miteinander auskommen. Wir sind nun mal seltsame und hochkomplexe Kreaturen mit grundverschiedenen Interessen und Persönlichkeiten. Manche davon passen einfach nicht zusammen. Einige Menschen neigen außerdem dazu, ihre eigenen Unsicherheiten auf andere zu projizieren, was es oft nicht leicht macht, mit ihnen befreundet zu sein.

Es ist völlig in Ordnung, jemanden nicht zu mögen. Das gibt dir aber trotzdem nicht das Recht, dich dieser Person gegenüber wie ein Arsch zu verhalten. Leben und leben lassen, das ist das Motto. Sogar Rahim und Adam, die wohl eher keine besten Freunde mehr werden, schaffen es, einigermaßen zivilisiert miteinander umzugehen. Jedenfalls die meiste Zeit.

Einmal macht Rahim Adam sogar fast – die Betonung liegt auf *fast* – eine Art Kompliment:

Wow, wirklich großzügig von dir, Rahim.

Nimm es dir nicht zu Herzen, wenn jemand mit dir nichts anfangen kann. Du musst nicht von allen gemocht werden. Im Gegenteil: Immer nur auf die Bestätigung anderer zu hoffen, macht auf Dauer unglücklich. Wenn es um dich geht, ist die einzige Meinung, die zählt, deine eigene. Und die der Menschen, die dich kennen und lieben.

WEISHEITEN AUS **MOORDALE**

Alle denken nur an das eine, sind im Begriff es zu tun ... oder tun es einfach.

ERIC

Wir sind nicht zusammen, wir schlafen nur miteinander.

MAEVE

Du bist mein Freund. Ich lieb dich wie einen Freund.

OLA

Ihr fühlt, wie er in eurer Hand vibriert wie ein Vulkan, der gleich explodiert.

JEAN

Wir haben alle Fehler und unsere Körper tun Dinge, die sich unserer Kontrolle entziehen. Aber wir können immer kontrollieren, ob wir die Wahrheit sagen.

OTIS

Wenn ich traurig bin, mach ich immer mit Nerds rum.

RUBY

Wenn wir Sex haben, fühl ich mich, als hätte ich noch nie ’ne Muschi gesehen, aber das hab ich, ich hab selbst eine und die hab ich mir sehr oft angesehen.

TANYA

Du solltest die Größe deiner Genitalien nicht mit anderen vergleichen. Das ist irrelevant und führt zu nichts.

OTIS

Träume sind nichts Reales. Deswegen heißen sie Träume.

ADAM

Dir ist hoffentlich klar, dass es mir dabei nicht speziell um dich geht. Hauptsache, ein Mann mit Penis.

LILY

Wir haben uns 26-mal unterhalten, dabei benutzte er 556 Worte.

VIV

DIE SUCHE NACH DER IDENTITÄT

Hast du dich schon mal gefragt: »Wer *bin* ich eigentlich?« Damit bist du nicht allein. Wir alle entdecken ständig neue Dinge, die wir mögen oder nicht, und lernen, was uns gefällt und guttut. Menschen verändern sich andauernd, und das kann unheimlich befreiend sein.

Das ist aber nicht immer so: Einige können den Weg dorthin auch als emotional sehr belastend empfinden.

LERNE, DICH SELBST ZU **VERSTEHEN UND AKZEPTIEREN**

Die eigene Identität zu finden und zu verstehen, wer man ist und wer man sein will, ist ein tolles Gefühl – und eine unglaubliche Leistung. Denn es ist nicht immer einfach, sich so gut kennenzulernen und das dann auch zu akzeptieren. Klar wollen wir alle am liebsten dazugehören, das ist völlig natürlich. Aber wenn du glaubst, dein wahres Ich verstecken zu müssen, nur um nicht aufzufallen, kann das buchstäblich krank machen (mehr dazu in Kapitel 10).

Möglicherweise geben die Menschen um dich herum – oder sogar die Gesellschaft ganz allgemein – dir das Gefühl, dass du nur dann dazu passt, wenn du so denkst, so aussiehst und dich so kleidest wie sie. Und dass du dich deswegen auch nur in bestimmte Menschen verlieben darfst. (Aber wer will schon sein wie alle anderen, wenn man ebenso gut *fantastisch* sein kann? Nicht wahr, Eric?)

Sexualität folgt keinen Regeln. Nichts ist richtig oder falsch. Wieso sollte also etwas bei dir kaputt sein?

JEAN

Wenn du den Eindruck hast, nicht du selbst sein zu dürfen, kann es helfen, dich jemandem anzuvertrauen, der dir nahesteht. Vielleicht findest du auch anderswo Menschen, die ähnlich ticken wie du, zum Beispiel in einer Selbsthilfegruppe, einem Verein oder online. Oder du wendest dich an eine Beratungsstelle oder einen dafür ausgebildeten Therapeuten. Sie alle können dazu beitragen, dass du dich weniger allein fühlst, und dich in deinem Selbstbewusstsein bestärken.

Wie wär's mit einem Tagebuch? Deine Gedanken und Gefühle in Worte zu fassen und über einen längeren Zeitraum zu dokumentieren, ist ebenfalls ein guter Weg, dich selbst besser kennenzulernen und zu verstehen.

Du musst dich auch nicht gleich ein für alle Mal auf irgendetwas festlegen. Die Art, wie du deine Identität wahrnimmst und zum Ausdruck bringen möchtest, kann sich im Lauf deines Lebens ändern. Genau wie die Menschen, die du attraktiv findest. Vielleicht stellst du ja auch irgendwann fest, dass du dich zu überhaupt niemandem hingezogen fühlst. Egal, wie und was du letztlich empfindest: Ein stabiles Netz aus Freund*innen und Unterstützer*innen kann dir bei der Suche nach dir selbst enorm helfen.

Auch wenn es nicht immer leicht ist, am Ende liegt die Entscheidung, wer du sein möchtest, ganz allein bei dir. Es ist deine Identität und die ist genauso wertvoll wie jede andere auch.

SEXUALITÄT IST EIN **BREITES SPEKTRUM**

Deine sexuelle Orientierung (oder sexuelle Identität) basiert auf deinem Gefühl von sexueller Anziehung zu anderen Menschen. In der Vergangenheit hatte man für Personen, die nicht der gängigen heterosexuellen Norm entsprachen, wenig bis gar kein Verständnis. Das kommt weltweit immer noch häufig vor, doch es gibt ein wachsendes Verständnis dafür, dass Sexualität komplex und vielfältig ist. Die Vorstellung, dass wir uns innerhalb eines breit gefächerten Spektrums bewegen, erlaubt es viel mehr Menschen, ihre sexuelle Identität nach ihren Bedürfnissen zu definieren, statt sich für eine Schublade entscheiden zu müssen. Das ist eine echte Erleichterung für alle, die ihre sexuelle Orientierung eher als eine mehrstufige Skala wahrnehmen und es schwierig finden, sich auf eine bestimmte Zuschreibung festzulegen.

Im Folgenden findest du eine kurze Beschreibung einiger der am weitesten verbreiteten sexuellen Orientierungen. Die Liste ist jedoch in keiner Weise vollständig. Falls du dich also nicht darauf wiederfindest, keine Sorge: Nicht für alles gibt es eine Schublade. Hauptsache, du fühlst dich wohl.

HETEROSEXUELL

Menschen, die sich zu Personen des anderen Geschlechts hingezogen fühlen

HOMOSEXUELL

auch schwul (bei Männern) oder lesbisch (bei Frauen); Menschen, die sich zu Personen desselben Geschlechts hingezogen fühlen

BISEXUELL

Menschen, die Personen beiderlei Geschlechts anziehend finden

ASEXUELL

Asexuelle Menschen verspüren wenig oder gar keine sexuelle Anziehung zu anderen. Das heißt jedoch nicht zwangsläufig, dass sie nicht sexuell aktiv sind.

PANSEXUELL

Menschen, die sich emotional und/oder körperlich zu Personen egal welchen Geschlechts hingezogen fühlen. Manche Leute bezeichnen sich daher lieber als pan- statt als bisexuell. Wird gelegentlich auch als Zuneigung für eine Person, unabhängig von deren biologischem oder empfundenem Geschlecht, beschrieben.

GESCHLECHTLICHE **IDENTITÄT**

Das biologische Geschlecht eines Menschen richtet sich zunächst einmal danach, mit welchen Geschlechtsorganen er auf die Welt gekommen ist. Die Einteilung erfolgt für gewöhnlich in

männlich

oder

weiblich.

Darüber hinaus gibt es auch noch das soziale Geschlecht – auch unter dem englischen Begriff »Gender« bekannt. Dieser Begriff beschreibt die Vorstellungen und Erwartungen, die eine Gesellschaft mit dem jeweiligen Geschlecht verknüpft, zum Beispiel bestimmte Rollen, Äußerlichkeiten oder Verhaltensweisen. Gleichzeitig ist damit auch die persönliche Selbstwahrnehmung jedes Einzelnen gemeint. Manche Leute fühlen sich dem Geschlecht zugehörig, das ihnen bei der Geburt zugeschrieben worden ist, andere nicht.

So wie wir uns als Gesellschaft weiterentwickeln, hat sich auch das Verständnis geschlechtlicher Identität gewandelt. Heute wissen wir sehr viel mehr über die Unterschiede zwischen biologischem und sozialem Geschlecht – und wir lernen immer noch dazu.

Fest steht: Jede*r kann, darf und soll frei entscheiden, welchem Geschlecht er/sie sich zugehörig fühlt und wie er/sie dies zum Ausdruck bringen möchte. Das ist zu respektieren. In eine Situation zu geraten, in der jemand deine Identität bewusst ignoriert, kann extrem schmerzhaft sein. Wenn du kannst, vertrau dich deinen Freund*innen an oder sprich mit einer Autoritätsperson darüber und bitte sie, dir zu helfen. Und falls du einen solchen Vorfall beobachtest, schreite ein und biete der betroffenen Person deine Unterstützung an. Wenn wir wollen, dass sich etwas ändert, müssen wir alle gemeinsam etwas dafür tun, statt dies allein den Betroffenen zu überlassen.

Hopes überholtes und diskriminierendes Verhalten im Sexualkundeunterricht zeigt nur allzu deutlich, womit sich diejenigen von uns, die sich einer anderen Identität zugehörig fühlen, andauernd rumschlagen müssen. Obwohl sie wusste, dass Layla und ich uns als nichtbinär identifizieren, hat sie uns gezwungen, uns in der Schlange für die Mädchen anzustellen. Das war extrem demütigend. Layla hatte das Gefühl, sich unterordnen zu müssen, aber ich wollte mir das nicht gefallen lassen. Ich habe genauso ein Recht darauf, dass meine Identität anerkannt wird, wie alle anderen auch.

CAL

Wir alle sind verschieden und das gilt es zu akzeptieren. Sei verständnisvoll und versuch, dich zu informieren. Natürlich erwartet niemand, dass du über alles Bescheid weißt, vor allem, wenn es um Dinge geht, mit denen du bisher vielleicht noch nie in Berührung gekommen bist. Trotzdem ist es nicht unbedingt die beste Idee, andere mit deinen Fragen zu löchern. Es gibt Menschen, die kein Problem damit haben, sich mit Wildfremden über ihre Identität zu unterhalten, aber das solltest du nicht automatisch als gegeben voraussetzen. Wenn jemand sich nicht wohlfühlt, das Thema mit dir zu besprechen, dann respektiere das. (Das gilt im Übrigen auch für Sexualität, Hautfarbe und Behinderungen.) Wälz die Arbeit nicht auf andere ab. Im Internet gibt es jede Menge Quellen, wo du Antworten auf deine Fragen finden kannst. Ein paar hilfreiche Adressen stehen hinten im Buch.

Und hier kommt noch ein praktischer Tipp für etwas, das jede*r von uns tun kann: Wenn du jemanden kennenlernst, sag doch einfach dazu, mit welchen Pronomen du benannt werden möchtest. Vor allem, wenn ihr zu mehreren seid, kann das superhilfreich sein. Denn so ist das Thema ganz entspannt auf dem Tisch und niemand muss sich gezwungen fühlen, es selbst anzuschneiden.

Falls du Fragen hast oder jemanden kennst, der noch nicht viel über das Thema Geschlechtsidentität weiß, kommen hier schon mal ein paar grundlegende Begriffe.

Cisgender

Menschen, die sich dem Geschlecht zugehörig fühlen, das ihnen bei Geburt zugeschrieben wurde

Transgender

Dieser Begriff wird oft für alle verwendet, die nicht unter die Kategorie cisgender fallen. Menschen, die sich als transgender verstehen, identifizieren sich nicht mit dem Geschlecht, das ihnen bei Geburt zugeschrieben wurde.

Nichtbinär

Ein Oberbegriff für alle, die sich nicht ausschließlich als männlich oder weiblich begreifen. Wird gelegentlich auch von Menschen genutzt, die die Einteilung in männlich und weiblich generell ablehnen.

Genderqueer oder gender-nonkonform

Menschen, die sich nicht ausschließlich als männlich oder weiblich begreifen bzw. irgendwo zwischen oder jenseits aller Geschlechtszuschreibungen stehen, bezeichnen sich auch als genderqueer. Oftmals stellen sie sich damit bewusst gegen überholte Rollenbilder und Geschlechterklischees.

Genderfluid

Wer genderfluid ist, möchte sich nicht auf ein Geschlecht festlegen, sondern bewegt sich zwischen zwei oder mehr verschiedenen Geschlechtsidentitäten. Das kann gleichzeitig geschehen oder sich je nach Situation verändern.

Genderneutral

Genderneutral, auch agender, sind Menschen, die sich weder männlich noch weiblich fühlen.

Geschlechtsausdruck

Mit Geschlechtsausdruck ist die Art gemeint, wie sich jemand äußerlich darstellt. Das muss nicht unbedingt dem biologischen oder empfundenen Geschlecht der jeweiligen Person entsprechen, zum Beispiel, wenn eine Trans-Frau auf feminine Kleidung verzichtet oder ein Cis-Mann gerne Make-up trägt. Der Begriff bezieht sich vor allem auf Verhaltensweisen und persönliche Vorlieben, wobei die Gründe dafür vielfältig sein können.

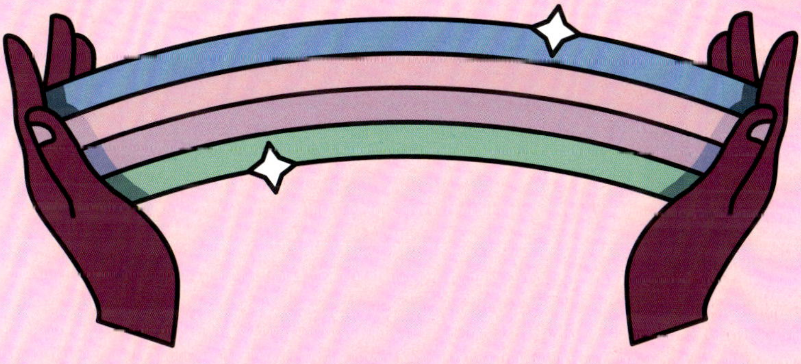

COMING-**OUT**

Das Coming-out ist ein Schritt auf dem langen (manchmal lebenslangen) Weg zur Selbstakzeptanz.

Die eigene Sexualität oder Identität zu finden und anzunehmen, ist nicht immer leicht. Leider gibt es auch heute noch viele Bereiche, in denen ein offener Umgang damit nicht möglich ist. Oft gilt das sogar für die Schule oder den Arbeitsplatz. Oder du lebst in einem kleinen Dorf, wo du die einzige nicht-heterosexuelle Person weit und breit bist – jedenfalls von der du weißt. Das kann verdammt hart sein.

Irgendwann kommt vielleicht der Punkt, an dem du der Welt mitteilen möchtest, wer du wirklich bist. Es gibt dabei kein Richtig oder Falsch. Du allein entscheidest, wem du davon erzählen möchtest – und ob überhaupt. Lass dich zu nichts überreden, womit du dich nicht wohlfühlst.

Es kann sein, dass du dich nur ein paar engen Freund*innen anvertrauen möchtest und sonst niemandem. Dann ist das völlig genug. Oder du bist wie Eric und trägst diesen Teil deiner Persönlichkeit offen und selbstbewusst zur Schau. Auch das ist in Ordnung. Das ist wie mit der perfekten Jeans – es gibt kein Modell, das allen passt.

Je nachdem, wie aufgeschlossen deine Eltern sind, kann die Vorstellung, dich ihnen gegenüber zu outen, echt einschüchternd sein. Wenn du möchtest, dass sie Bescheid wissen, aber Angst davor hast, es ihnen selbst zu sagen, könntest du dir bei deinen Geschwistern oder einem anderen Familienmitglied Hilfe suchen. Du könntest sie bitten, an deiner Stelle mit deinen Eltern zu reden oder dabei zu sein, wenn du es selbst tust. Vielleicht fällt es dir auch leichter, wenn du dir vorher aufschreibst, was du sagen möchtest. Oder du schreibst ihnen einen Brief.

Meinem Vater hat es zu schaffen gemacht, dass ich schwul bin und wie ich damit umgehe. Lange dachte ich, das kommt daher, dass er es einfach nicht versteht. Aber als er mich zum Schulball gebracht hat, habe ich begriffen, dass er sich einfach nur Sorgen um meine Sicherheit gemacht hat. Ich kann gar nicht beschreiben, was für ein Gefühl das war, als er mich mutig genannt hat. Dadurch habe ich gemerkt, wie stolz er auf mich ist. Zu wissen, dass er mich so akzeptiert, wie ich bin, bedeutet mir alles.

ERIC

Wenn deine Familie und Freund*innen Schwierigkeiten damit haben, dich so zu akzeptieren, wie du bist, kann das absolut niederschmetternd sein. Manchmal liegt das einfach nur daran, dass ihnen das nötige Wissen fehlt oder sie sich Sorgen um dich machen. Für den Fall findest du hinten im Buch ein paar hilfreiche Adressen, an die du sie verweisen kannst.

Wenn du kannst, such dir Unterstützung bei anderen Freund*innen oder Familienmitgliedern. Du kannst dich auch an eine passende Beratungsstelle wenden. Im Internet findest du außerdem jede Menge Gruppen von Gleichgesinnten, die dir beistehen können. Denk dran: Du bist nicht allein – es gibt immer Menschen, die für dich da sind.

Ich wär so gern ein ganz normaler Schüler mit 'nem normalen Schwanz und 'nem normalen Dad.

ADAM

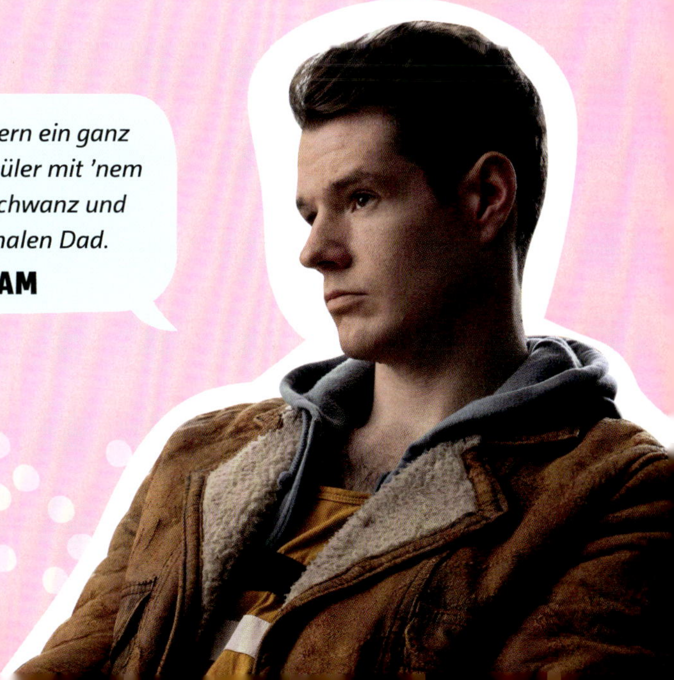

SIND WIR NICHT ALLE **EIN BISSCHEN ADAM?**

Hattest du auch schon mal das Gefühl, dass niemand dich versteht? Dass du irgendwie fehl am Platz bist und nichts richtig machen kannst? Oder gibt es jemanden, den du seltsam findest und mit dem du so gar nichts anfangen kannst? Wenn das an der Moordale Secondary auf jemanden zutrifft, dann auf ihn: Adam Groff.

Adam ist wahrscheinlich der am meisten missverstandene Schüler der gesamten Schule. Sicher kennt so ziemlich jeder von uns das Gefühl, aber Adam schießt in dieser Hinsicht nicht bloß den Vogel ab, sondern gleich den gesamten Schwarm. Nach außen hin wirkt er wie ein gemeiner Schläger, der keinen Bock auf Schule hat und immer dann am glücklichsten ist, wenn er andere runtermachen kann. In Wahrheit ist er jedoch selbst zutiefst unglücklich und voller Selbstzweifel, was er zu einem großen Teil seinem überkritischen Vater, Schuldirektor Groff höchstpersönlich, zu verdanken hat.

Es ist nicht leicht, wenn man zu Hause tyrannisiert wird. Adam wusste sich lange Zeit nicht anders zu helfen, als seinen Frust darüber an anderen auszulassen. Solltest du dich in einer ähnlichen Lage befinden, sei versichert, dass das nicht in Ordnung ist. Aber du musst da nicht alleine durch. Wenn du kannst, sprich mit jemandem darüber, was bei dir zu Hause los ist – zum Beispiel mit einem Freund oder einer Freundin, mit einem Lehrer oder jemandem aus deiner Verwandtschaft. Wenn das nicht geht, kannst du dich auch direkt ans Jugendamt wenden. Es gibt außerdem verschiedene Anlauf- und Beratungsstellen, die dir kostenlos und vertraulich Rat geben können. Einige Adressen findest du hinten im Buch.

Womöglich lässt du deinen Frust an anderen aus, wenn der Druck zu groß wird oder du anders nicht mehr weiterweißt. Wir alle kennen das Bedürfnis, uns in unser Schneckenhaus zurückziehen und die gesamte Welt ausschließen zu wollen, aber dadurch stoßen wir die Menschen um uns herum oft erst recht weg. Adam findet schließlich Freunde, die ihn so mögen, wie er wirklich ist. Dadurch schafft er es, sich selbst zu akzeptieren, seinem Dad die Stirn zu bieten und vor allem: endlich glücklich zu sein.

JEANS NOTIZEN: **SEX-MYTHEN**

Ich habe mir einmal die verbreitetsten Sex-Mythen angesehen und kann nur sagen, dass es um die allgemeine Sexualaufklärung traurig bestellt ist. Nicht nur Teenager glauben diesen Unsinn, auch vielen Erwachsenen fehlt es an grundsätzlichem Wissen. Das muss sich unbedingt ändern.

Mythos 1

Vaginas sind enger oder weiter, je nachdem, wie viel Sex eine Frau hatte.

Totaler Blödsinn! Bei der Vagina handelt es sich um einen muskulären, dehnbaren Schlauch und wie jeder andere Muskel auch kann sich dieser zusammenziehen oder entspannen. Bei Erregung entspannt sich die Vagina, um das Eindringen zu erleichtern. Bei unzureichender Erregung bleibt sie angespannt, sodass das Eindringen erschwert ist.

Mythos 2

Du kannst nicht schwanger werden, wenn …

- es dein erstes Mal ist,
- er ihn rechtzeitig rauszieht,
- du deine Tage hast,
- ihr bestimmte Stellungen meidet,
- du hinterher eine Scheidenspülung vornimmst.

Du wirst schwanger, wenn ein Spermium eine deiner Eizellen erreicht und befruchtet. Jede der oben genannten Situationen kann zu einer Schwangerschaft führen. Im Ejakulat und ebenso im Präejakulat sind Millionen von Spermien enthalten und nur ein einziges davon muss sein Ziel erreichen. Um eine ungewollte Schwangerschaft zu verhindern, müsst ihr verhüten.

Mythos 3
Du kannst dich auf der Toilette mit Geschlechtskrankheiten anstecken.

Die meisten sexuell übertragbaren Krankheiten werden durch Körperflüssigkeiten übertragen. Also durch Vaginal- oder Analsekret, Präejakulat, Sperma und Blut. Auf einer Klobrille zu sitzen, reicht dafür nicht aus. Für jede Art von sexuellem Verkehr solltest du aber ein Kondom benutzen.

Mythos 4
Sex ist nur gut, wenn du einen Orgasmus hast.

Das Ziel beim Sex sollte immer der Genuss für alle Beteiligten sein, ob nun mit Orgasmus oder ohne. Manchen Menschen fällt es schwer, zum Orgasmus zu kommen, oder sie erleben vielleicht nie einen, aber das heißt nicht, dass sie keine Freude an Sex haben. Lass dich nicht unter Druck setzen und hab einfach Spaß.

Mythos 5
Ältere Menschen haben niemals Sex.

Wenn du jung bist, mag es dir unvorstellbar erscheinen, dass Menschen über fünfundzwanzig noch Sex haben. Aber wir alle haben Bedürfnisse, ganz egal, wie alt wir sind, und dazu gehört auch ein erfülltes Sexualleben. Das »Wie« kann sich mit der Zeit allerdings ändern, man lernt schließlich nie aus. Und das gilt auch und ganz besonders für die eigene Sexualität.

3 KEIN KÖRPER IST WIE DER ANDERE

IST MEIN KÖRPER **NORMAL?**

Gibt es so etwas wie den »normalen« Körper überhaupt? **Kurz gesagt: Nein.** Das Wort »normal« impliziert, dass es im Gegenzug auch abnormale Körper geben muss, und das ist nicht der Fall. Wir alle haben einen Körper und jeder Körper ist anders. Es gibt große und kleine Brüste, lange und kurze Penisse, dünne und dicke Menschen, Körper mit speziellen medizinischen Bedürfnissen und jede Menge mehr.

Der eine »Standardkörper« existiert nicht. Manche Menschen haben von einem Körperteil etwas mehr (Harry Styles hat vier Nippel), andere wiederum etwas weniger (zum Beispiel wächst ihnen keine Schambehaarung oder sie sind ohne bestimmte Körperteile auf die Welt gekommen). Egal ob wir Dehnungsstreifen oder Narben haben, besonders große Brüste oder tief hängende Hoden: Wir sind alle wunderbar einzigartig und genauso sollte es sein.

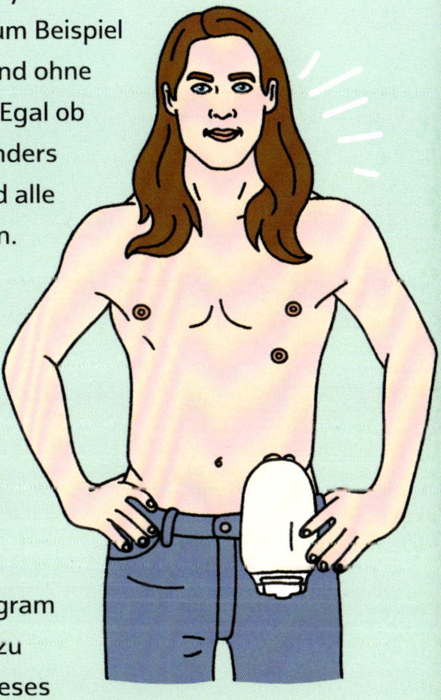

Heutzutage lässt sich so ziemlich der gesamte Körper operativ anpassen, von einem strafferen Po bis hin zu einem wohlgeformten Bauchnabel. Hinzu kommt, dass wir uns dank Social Media jederzeit mit unzähligen Menschen auf der ganzen Welt vergleichen können. Würde morgen ein Außerirdischer hier landen und als Allererstes ein Smartphone mit Zugriff auf Instagram und Co. finden, würde er vermutlich relativ bald zu dem Schluss kommen, dass sämtliche Frauen dieses Planeten runde Pos, große Brüste, volle Lippen, schmale Taillen und makellose Haut haben. Im Supermarkt um die Ecke begegnet man solchen Frauen hingegen eher selten.

Unsere Körper lassen sich nicht einfach wie von Zauberhand so verändern, dass sie irgendwelchen Schönheitstrends entsprechen. Auch wenn es nicht immer leichtfällt: Versuch, deinen Körper zu lieben, wie er ist, und für das, was er für dich tut.

UNSICHER? **ABER SICHER**

Vielleicht kommt es dir vor, als würde es nur dir so gehen. In Wahrheit hat jede*r von uns mit kleineren oder größeren Unsicherheiten zu kämpfen. Am Ende spielt es keine Rolle, wie groß oder klein: Deine Sorgen verdienen es, ernst genommen zu werden. Vor allem, wenn sie verhindern, dass du dich in deiner Haut wohlfühlst.

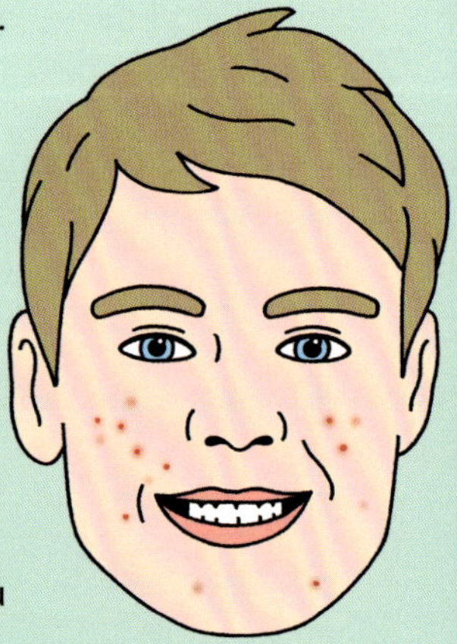

Auch wenn es abgedroschen klingt, wahre Schönheit kommt von innen. Natürlich ist das oft leichter gesagt als getan, aber wenn du deinen Körper magst, strahlst du das auch aus. Und das ist mehr als die halbe Miete.

Umgekehrt kann es aber auch sein, dass du dich mit deinem Aussehen so unwohl fühlst, dass deine psychische Gesundheit darunter leidet. In dem Fall solltest du mit jemandem darüber reden. Das kann jemand aus deinem Freundeskreis sein, dem du vertraust. Oder du wendest dich an eine Beratungsstelle, wo es Menschen gibt, die speziell dafür ausgebildet sind. Mehr Infos findest du in Kapitel 10 und am Ende dieses Buches.

PERFEKTION IST **BLOSS EIN MÄRCHEN**

Hochglanzmagazine und geschickt bearbeitete Fotos und Videos auf allen möglichen Social-Media-Plattformen geben uns leicht das Gefühl, unzureichend zu sein. Dabei haben selbst Supermodels mal einen schlechten Tag und schauen neidisch auf die Konkurrenz. Schließlich kann immer nur eine den Job bekommen – der Rest guckt in die Röhre und weint zu Hause in sein laktosefreies, fettarmes Eis wie alle anderen auch.

Vielleicht kennst du ja jemanden, der oder die den perfekten Körper besitzt. In dem Fall: Herzlichen Glückwunsch – du hast den wohl einzigen Menschen auf der Welt gefunden, auf den das zutrifft. Und weißt du, was? Wahrscheinlich sieht er oder sie sich selbst nicht mal so und beneidet dich stattdessen um deine süßen Sommersprossen (ja, genau die, die du nicht ausstehen kannst!) oder deine beeindruckend langen Finger.

Seit Kurzem setzt auch die Modeindustrie vermehrt auf Models in allen Größen, Formen und Farben. Gleichzeitig nimmt die Body-Positivity-Bewegung mehr und mehr Fahrt auf. Das beweist: Es kommt nicht darauf an, wie man aussieht – entscheidend ist, dass man sich mit dem wohlfühlt, was man hat. Ob das der Style ist, der dich glücklich macht, egal wie klein, groß, dick oder dünn du bist, die Narbe, hinter der sich eine Geschichte verbirgt, oder das leuchtend bunte Kopftuch, in dem dir keiner was vormacht. Denk dran, die meisten Leute sitzen nicht stundenlang rum und analysieren, wie du aussiehst und was du anhast. Dafür sind sie viel zu sehr mit ihren eigenen Unzulänglichkeiten beschäftigt.

Und wenn doch mal jemand etwas Fieses über dich denkt oder sagt, bist du ziemlich sicher nicht der einzige Mensch, den es an diesem Tag trifft.

Es ist leicht, Fehler bei anderen zu suchen, wenn man selbst nicht glücklich ist. Egal wie mies ich mich fühle Hauptsache, jemand anderem geht es noch mieser.

MAEVE

Wer sich in seiner eigenen Haut wohlfühlt (und das vielleicht sogar trotz einer langen Liste mit vermeintlichen »Makeln«), hat es nicht nötig, andere schlechtzumachen, um sich so über sie zu erheben. Mal ehrlich: Das brauchst du doch auch nicht, oder?

Dein Körper setzt sich mit Haut und Haaren – plus allem, was sonst noch dazugehört – dafür ein, dass es dir gut geht. Kann sein, dass er dabei manchmal ein wenig Hilfe braucht, aber er gibt sein Bestes, damit du gesund und glücklich bist. Also sei nett zu ihm, unterstütze ihn, wo du kannst, und vergiss nicht, ihn ab und zu mal in den Arm zu nehmen. Das habt ihr beide verdient.

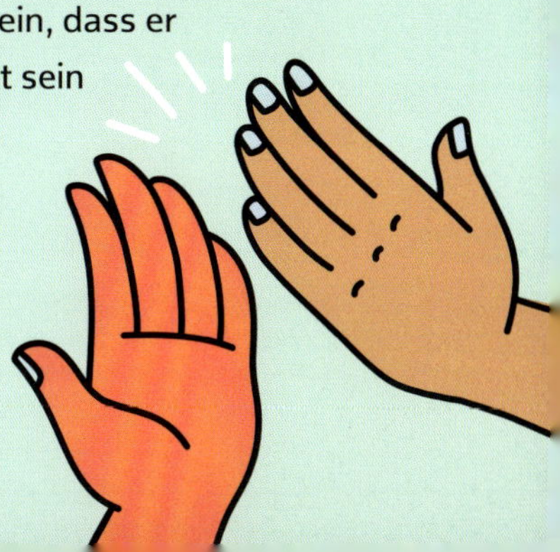

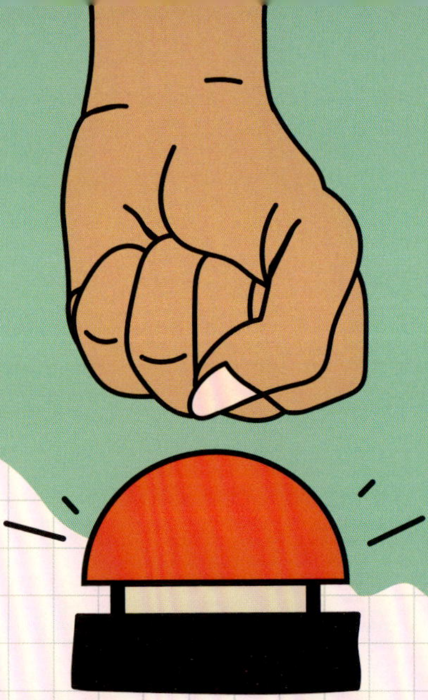

DEIN KÖRPER: BIZARR, ABER BRILLANT

Ein paar komplett unnütze Fakten über deinen Körper (aber wer weiß, vielleicht kommt irgendwas davon ja mal in einem Quiz vor?):

- Der menschliche Körper enthält im Schnitt ungefähr viereinhalb bis sechs Liter Blut.
- Aneinandergelegt reicht die Länge aller Blutgefäße in deinem Körper aus, um zweieinhalbmal die Erde zu umrunden.
- Mehr als die Hälfte deiner Knochen befinden sich in deinen Händen und Füßen.
- Dein Herz schlägt knapp 100.000-mal am Tag.
- Die menschliche Nase kann rund eine Billion Gerüche unterscheiden. (Warum nur muss Achselschweiß dazugehören?)
- Auf und in dir leben etwa genauso viele Bakterien, wie du Zellen hast.
- Wenn du errötest, färbt sich auch deine Magenschleimhaut rot (aus Solidarität?).

WOFÜR IST **DAS EIGENTLICH DA?**

Okay, jetzt geht's ans Eingemachte. Hier kommen ein paar Dinge, die du über den Bereich »da unten« wissen solltest.

DIE VAGINA

Die Öffnung, wenn es um Finger, Sextoys, Tampons, Menstruationstassen, verschiedene Verhütungsmittel und Penisse geht. Ach ja, und Babys. Wenn ihr nicht verhütet, kommen die am Ende nämlich dort raus.

Ich möchte nicht feiern, dass ich gegen meinen Willen aus einer Vagina gepresst wurde.

MAEVE

Das Wort Vagina wird oft als Bezeichnung für den gesamten weiblichen Genitalbereich benutzt. Genau genommen ist damit allerdings nur der Geburtskanal gemeint, der von der Gebärmutter nach draußen führt. In gewisser Weise kannst du dir das Ganze wie eine Sackgasse vorstellen: Was dort reingeht, muss auf diesem Weg auch wieder raus. So kann es nicht in den Rest deines Körpers gelangen (was irgendwie beruhigend ist). Alles drum herum, also der äußerlich sichtbare Teil, wird Vulva genannt.

JETZT WIRD'S TECHNISCH

Wenn du mit weiblichen Fortpflanzungsorganen auf die Welt gekommen bist, verfügst du über zwei Eierstöcke. Dort befinden sich die Eizellen und werden die Geschlechtshormone (Östrogene und das Gestagen Progesteron) erzeugt. Nach dem Eisprung wandert die Eizelle von dort durch den Eileiter in die Gebärmutter.

Die Gebärmutter (auch Uterus genannt), befindet sich im Unterleib. Dort wächst während einer Schwangerschaft das Baby heran. Im Lauf des Menstruationszyklus, der im Schnitt etwa achtundzwanzig Tage dauert, wird die Gebärmutterschleimhaut dicker und stärker durchblutet, damit sich dort die befruchtete Eizelle einnisten kann. Geschieht dies nicht, wird die überschüssige Gebärmutterschleimhaut abgestoßen und ausgeschieden. Das ist dann die Monatsblutung. Diese dauert im Schnitt zwischen drei und acht Tage, wobei die Blutung an den ersten beiden Tagen meistens am stärksten ist.

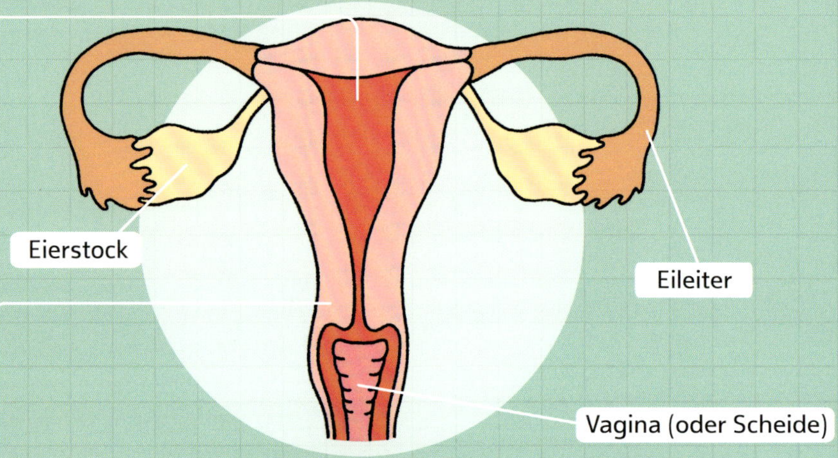

Der Gebärmutterhals, auch Zervix genannt, bildet den Übergang von der Gebärmutter zur Vagina. Dort entnimmt dein Frauenarzt oder deine Frauenärztin Zellen für den Kontrollabstrich zur Krebsvorsorge. Die Öffnung des Gebärmutterhalses in Richtung Scheide heißt Muttermund. Die meiste Zeit ist der Muttermund verschlossen, aber während der Periode öffnet er sich ein wenig, damit Blut und Schleimhautgewebe abfließen können. Und bei der Geburt dehnt er sich so weit, dass das Baby hindurchpasst.

Vielleicht hast du schon mal von Endometriose gehört: Dabei wächst gebärmutterschleimhautähnliches Gewebe auch außerhalb der Gebärmutter, zum Beispiel im Eierstock oder im Eileiter, was extrem schmerzhaft sein kann. Zu den häufigsten Symptomen der Endometriose gehören starke Unterleibskrämpfe, Schmerzen beim oder nach dem Sex sowie Übelkeit, Verstopfung oder Durchfall während der Periode. Falls dir das bekannt vorkommt, sprich am besten mal mit deinem Frauenarzt oder deiner Frauenärztin und lass die Sache abklären.

Wenn du dich jetzt fragst, wie die Vagina Tampons oder Menstruationstassen problemlos über Stunden hinweg an Ort und Stelle halten kann, obwohl sie doch groß genug ist, dass ein ganzes Baby hindurchgeht: Dafür gibt es eine einfache Erklärung. Die Vagina ist extrem flexibel. Im entspannten Zustand drückt das umliegende Gewebe sie zusammen, sodass Tampons und Co. nicht verrutschen können.

Die Scheidenwand sondert ein flüssiges Sekret ab, um die Schleimhaut feucht zu halten und vor Infektionen zu schützen. Bei sexueller Erregung nimmt die Menge zu und ermöglicht so ein erleichtertes Eindringen. Vaginaler Ausfluss ist nichts, worüber du dir Sorgen machen musst, außer wenn du eine Veränderung in seiner Konsistenz, Farbe oder beim Geruch wahrnimmst. Dann solltest du sicherheitshalber deine Frauenärztin oder deinen Frauenarzt aufsuchen.

Die äußeren Schamlippen (oder Vulvalippen, wie manche als Bezeichnung vorschlagen, schließlich gibt es daran nichts, wofür du dich schämen müsstest) sind Teil der Vulva und schützen die empfindlicheren Bereiche der weiblichen Geschlechtsorgane. Auf ihnen wachsen Schamhaare.

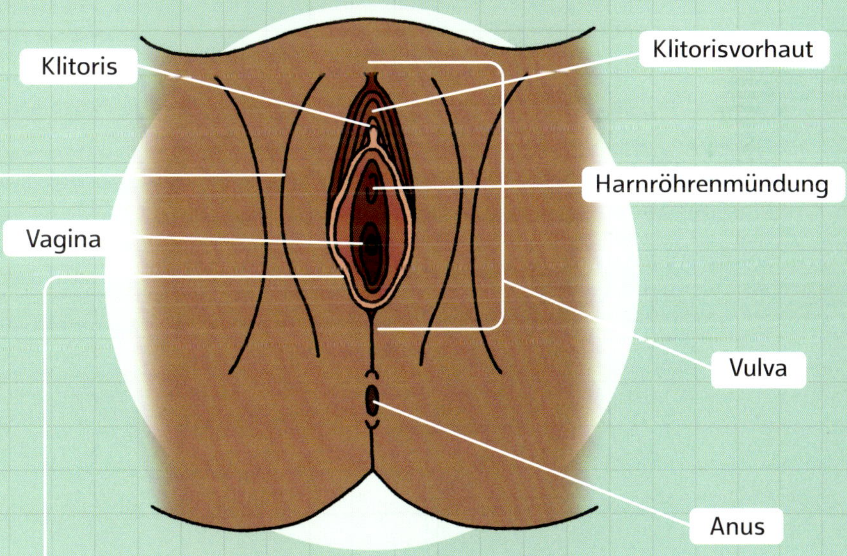

Die inneren Schamlippen sind gewissermaßen die zweite Verteidigungslinie. Sie sind mit Talgdrüsen ausgestattet, dank denen dort unten immer alles angenehm geschmeidig bleibt. Magie! (Okay, nicht wirklich. Aber fast.)

Auch für die Schamlippen gilt: Es gibt kein Richtig oder Falsch. Manche sind größer, andere sind kleiner, manche sind heller, andere dunkler, manche sind symmetrisch, andere nicht. Sicher ist nur eins – so wie im Porno (Kapitel 8) sehen sie so gut wie nie aus.

Unterhalb der Klitoris befindet sich eine kleine Öffnung. Das ist das Ende der Harnröhre, durch die der Urin kommt, wenn du aufs Klo gehst. Falls du früher übrigens auch gedacht hast, der Urin kommt aus der Vagina, bist du damit nicht allein. Die beiden liegen nun mal wirklich nah beieinander.

Am Eingang der Vagina liegt das Hymen, ein dünnes Hautfältchen, das die Vaginalöffnung teilweise bedeckt oder umschließt. Es ist jedoch (außer in *sehr, sehr* seltenen Fällen) niemals vollständig geschlossen, sonst könnte beispielsweise das Menstruationsblut nicht abfließen. Was hingegen durchaus vorkommen kann, ist, dass dir das Hymen bereits von Geburt an fehlt. Das ist nichts Ungewöhnliches und kein Grund zur Beunruhigung.

Womit wir bei der problematischen Seite des Hymens wären. Bis heute hält sich nämlich hartnäckig der Mythos, dass das Hymen eine Art Verschluss ist, der reißt, wenn man zum ersten Mal Sex hat, weswegen es auch »Jungfernhäutchen« genannt wird. Das stimmt nicht. Es kann sein, dass es beim ersten Eindringen etwas stärker geweitet wird und dadurch einreißt – dann kann es auch schon mal ein wenig bluten. Das kann aber auch beim Sport, beim Einführen eines Tampons oder durch Masturbation passieren. Oder es passiert gar nicht. Das Hymen sagt also rein gar nichts darüber aus, ob jemand bereits Sex hatte oder nicht.

KLEIN, ABER OHO

Lange wurde sie übersehen, dabei hat es die **Klitoris**, manche sagen auch »Kitzler«, echt in sich. An die 8.000 Nervenenden laufen hier zusammen, was die Klitoris zum perfekten Anlaufpunkt macht, um einen Orgasmus zu erzeugen. Egal also, ob es deine eigene ist oder die deiner Partnerin, es lohnt sich, sie genauer kennenzulernen.

Die empfindliche Spitze der Klitoris wird von einer kleinen Hautfalte, der sogenannten Klitorisvorhaut, bedeckt. So ist sie vor zu starker Reibung und unerwünschter Stimulation geschützt, was gerade im

Alltag unheimlich nützlich ist (und sicher schon den einen oder anderen peinlichen Vorfall in der Schlange vor der Supermarktkasse verhindert hat). Bei Erregung schwillt die Klitoris an und schiebt die Vorhaut beiseite, damit sie die gesamte Aufmerksamkeit für sich hat.

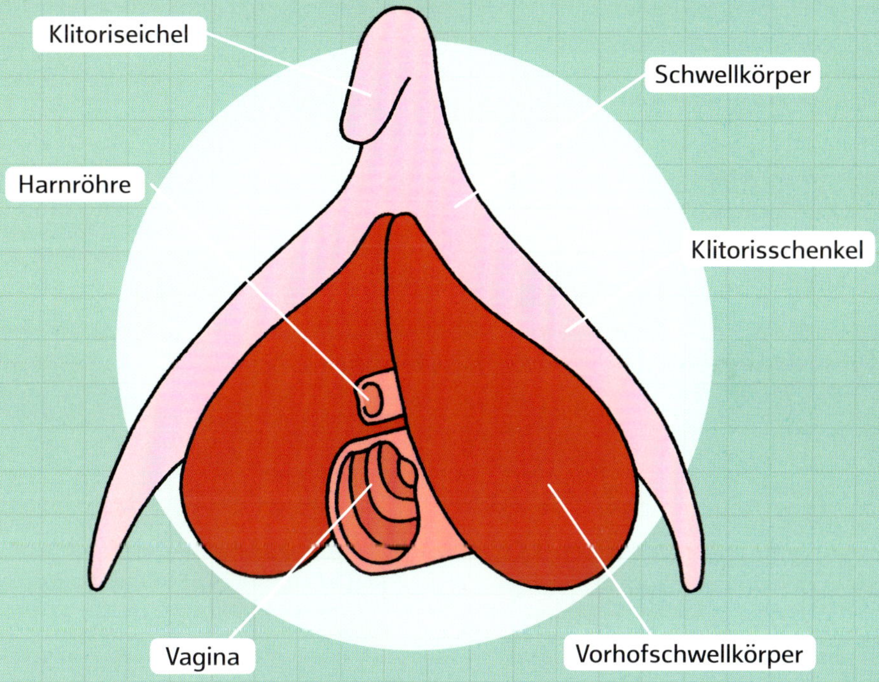

Wusstest du, dass der Großteil der Klitoris im Inneren liegt? Erst vor wenigen Jahren setzte sich die Erkenntnis durch, dass die empfindliche kleine Liebesperle nur die äußerste Spitze des Eisbergs ist. Von dort führt sie weiter nach innen, wo sie abknickt und sich in zwei anmutige Schenkel aufteilt. Diese umschließen die beiden Vorhofschwellkörper, die sich an die Vagina schmiegen.

Die Klitorisschenkel verlaufen entlang der inneren Schamlippen an der Harnröhrenmündung und Vaginalöffnung vorbei in Richtung Anus. Während du dich dem Höhepunkt der Lust entgegenschraubst, schwellen die Klitorisschenkel und die Schwellkörper rings um die Vagina an, wodurch der gesamte Bereich noch empfindsamer und für sexuelle Stimulation empfänglicher wird.

Ein Hoch auf die Klitoris!

DER **PENIS**

Studien zufolge ist ein erigierter Penis im Durchschnitt zwischen dreizehn und achtzehn Zentimeter lang. Er wird auch durch spezielle Trainingsübungen oder Medikamente nicht größer. Und schon gar nicht durch irgendwelche Pillen aus dem Internet. Dafür poppt zwar überall Werbung auf (vor allem auf Pornoseiten), aber diese Produkte sind nicht seriös und auch nicht auf gesundheitsgefährdende Inhaltsstoffe getestet. Bestenfalls schmeißt du dein Geld zum Fenster raus, schlimmstenfalls können die Dinger lebensgefährlich sein. Lass also lieber die Finger davon.

PENISFAKTEN

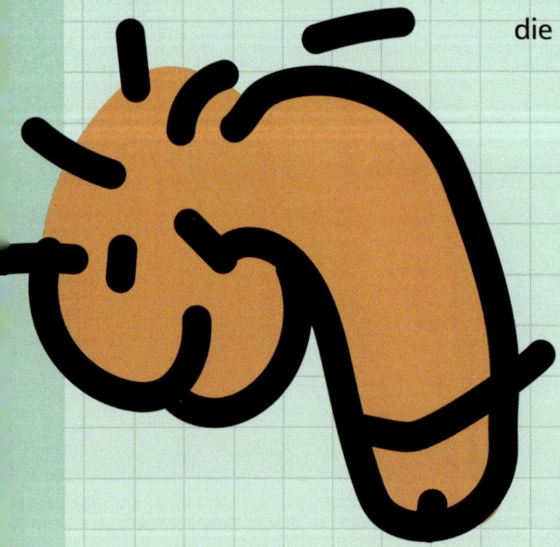

Der Penis besitzt zwei längliche Kammern, die sogenannten Penisschwellkörper. Diese sind von einem feinen, schwammartigen Geflecht aus Blutgefäßen durchzogen.

An deren Unterseite befindet sich die Harnröhre, durch die sowohl das Sperma als auch der Urin ausgeschieden wird. Sie ist von einem weiteren Schwellkörper, dem Harnröhrenschwellkörper, umgeben. Parallel dazu verlaufen die Arterien, die den Penis mit Blut versorgen. Verbunden wird alles durch ein Netz aus Venen und Nerven.

Wenn der Penis erotisch stimuliert wird (sprich: dich irgendetwas scharfmacht), füllen sich die vielen kleinen Gefäße in den Penisschwellkörpern mit Blut. Durch den Druck richtet sich der Penis auf und …

Ta-da – wir haben eine Erektion!

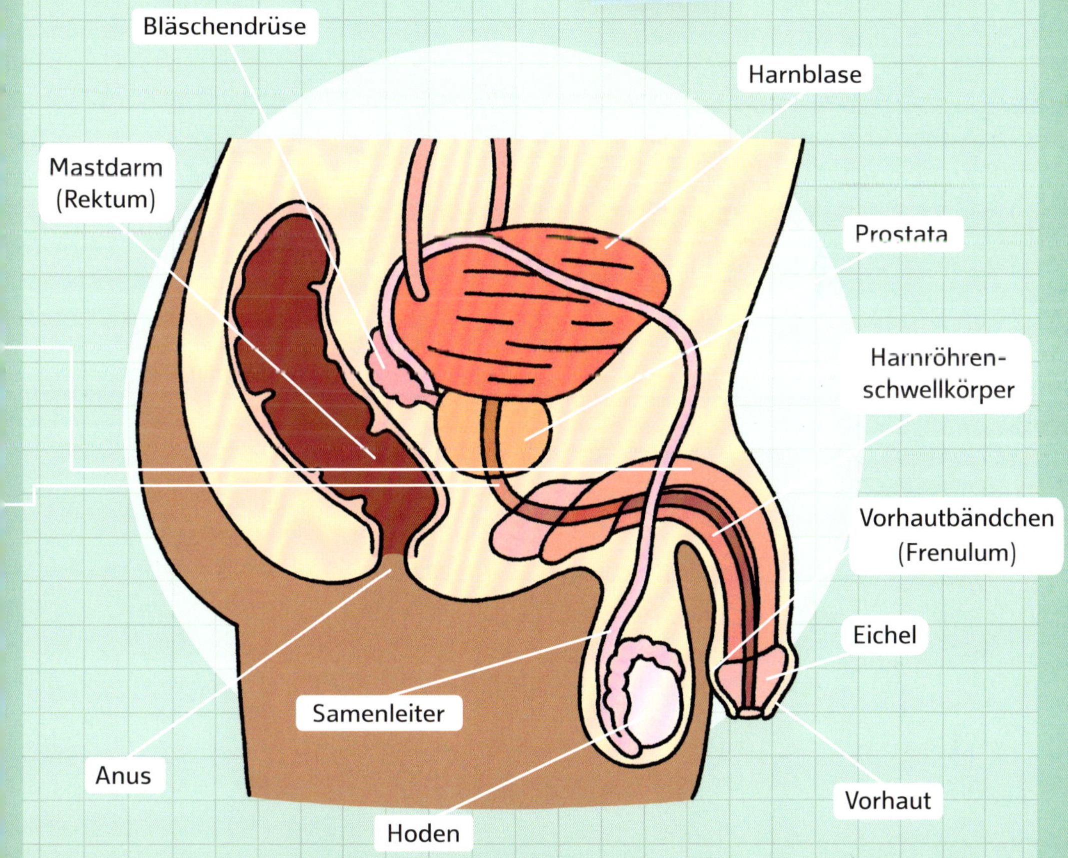

Das Beste kommt zum Schluss: Das vordere, verdickte Ende des Penis wird Eichel genannt. Sie beherbergt die Harnröhrenmündung, also das Ende der Harnröhre.

Dahinter folgt der längliche Teil des Penis, der sogenannte Schaft. Weil der Name ein bisschen langweilig ist, gibt es dafür jede Menge Spitznamen: Schwanz, Schwengel, Schniedel, Gurke, bestes Stück – und das sind nur ein paar der harmloseren.

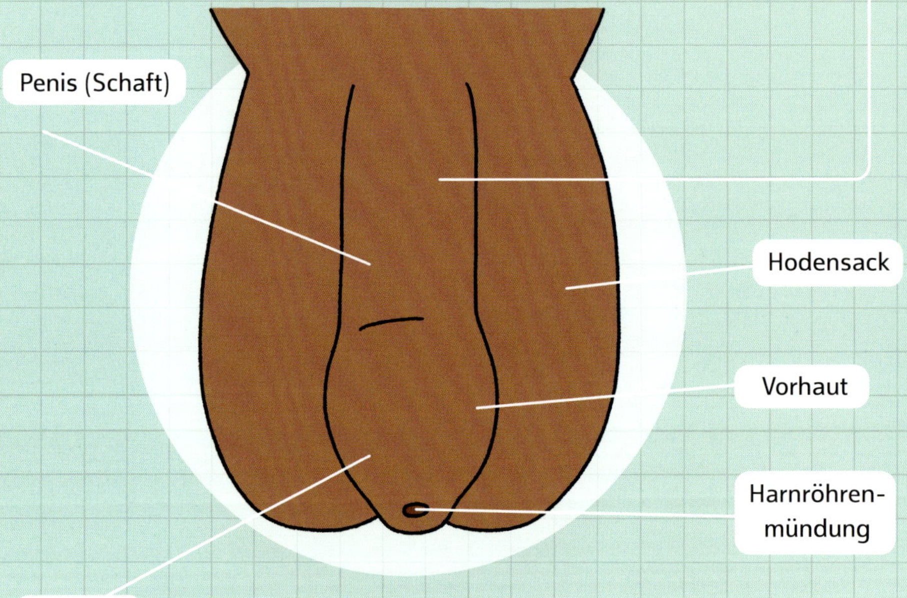

Die Eichel ist meist deutlich empfindlicher als der Schaft. Der empfindlichste Teil ist aber wohl das Vorhautbändchen, eine schmale Hautfalte an der Unterseite der Eichel. Bei besonders wildem Sex (auch mit sich selbst) kann dieses Häutchen reißen und ziemlich stark bluten. Das ist für gewöhnlich nichts Schlimmes, trotzdem solltest du lieber zu einem Urologen oder einer Urologin gehen und die Sache abklären lassen. Sicher ist sicher.

Nicht alle Menschen haben eine Vorhaut. Bei manchen wurde sie aus religiösen, medizinischen oder ästhetischen Gründen entfernt.

Im erschlafften Zustand bedeckt die Vorhaut die Eichel, doch sobald der Penis in Habachtstellung geht (sprich: du einen Ständer bekommst), zieht sie sich vornehm zurück.

Wer weiß, aber wenn ich auch so einen Extraarm zwischen den Beinen hätte, würd ich den vielleicht auch allen zeigen wollen.

LILY

Bei jüngeren Männern ist die Vorhaut oft recht eng, was gelegentlich zu Verunsicherung führen kann. Wer schon mal einen Porno gesehen hat, weiß, dass die Herren dort eher selten mit so etwas zu kämpfen haben. Das liegt aber daran, dass sie entweder beschnitten oder mit einer leicht zurückziehbaren Vorhaut gesegnet sind. Solange du keine Beschwerden hast, besteht kein Grund zur Sorge. Falls du jedoch ein schmerzhaftes Wundgefühl, Schwellungen oder eine auffällige Rötung bemerkst, könnte das ein Hinweis auf eine sogenannte Phimose oder Vorhautverengung sein. In dem Fall solltest du dir Rat bei einem Arzt suchen.

Der schrumpelige Beutel unter deinem Penis ist der Hodensack. Darin befinden sich die Hoden, die ebenfalls superempfindlich sind.

Wusstest du übrigens, dass das Sperma zu weniger als einem Prozent aus Spermien, also Samenzellen, besteht? Den Rest macht das sogenannte Samenplasma aus, ein Gemisch aus Wasser, Zucker, Proteinen, Enzymen und verschiedenen Hormonen.

Einen Teil dieser Flüssigkeit steuert die Prostata bei, ein etwa walnussgroßes Organ, das auch für sexuelle Stimulation sehr empfänglich ist. Dies geht am leichtesten über sanften Druck auf das Perineum (auch Damm genannt), den Bereich zwischen Hodensack und Anus. Die Prostata ist also gleichermaßen Lustzentrum und Spermafabrik.

HINWEIS: Leider kann die Prostata auch schnell mal Ärger machen und sich entzünden. Im besten (und wahrscheinlichsten) Fall steckt eine relativ harmlose Erkrankung namens Prostatitis dahinter, im schlimmsten kann es sich jedoch auch um Prostatakrebs handeln. Falls du in dem Bereich also irgendwelche Veränderungen, wie zum Beispiel Schwellungen, bemerkst, geh zum Arzt und lass dich untersuchen.

Das viele Samenplasma dient in erster Linie dazu, den Spermien den Weg vom Hoden zur Eizelle zu erleichtern. Wie eine Art Tourguide sorgt es dafür, dass die kleinen, kaulquappenartigen Samenzellen so schnell und sicher wie möglich an ihr Ziel kommen. Ohne das Samenplasma würden sie nämlich bloß im Kreis schwimmen wie Goldfische im Glas.

Im Schnitt werden bei jeder Ejakulation rund 200 Millionen Spermien ausgestoßen, obwohl ein einzelnes – nur eins! – ausreicht, um eine Eizelle zu befruchten. In die schützende Samenflüssigkeit gehüllt, kommen sie aus der Harnröhre geschossen wie die Kugel aus einem Pistolenlauf. Für gewöhnlich kommt Sperma als leicht klebrige, klare bis weißliche Flüssigkeit daher, wobei sich Farbe und Beschaffenheit von Mal zu Mal unterscheiden können. Falls es allerdings gelblich oder grün erscheint und unangenehm riecht, könnte eine Infektion dahinterstecken. In dem Fall solltest du dringend zum Arzt gehen. Sperma kann manchmal auch rosa oder braun sein, dann befindet sich meist etwas Blut darin. Das hat in der Regel nichts auf sich, aber auch in diesem Fall solltest du zur Abklärung einen Arzt aufsuchen.

Entgegen anderslautenden Gerüchten kann ein Penis nicht brechen. Er enthält nämlich keinen Knochen. Verletzen kannst du ihn dir aber sehr wohl, und zwar durchaus schmerzhaft, also geh sorgsam mit ihm um.

Ejakulieren ist übrigens gesund. Empfehlungen zufolge solltest du es ruhig mehrmals die Woche tun. Also mach es dir gemütlich und lass die Säfte fließen.

Du hast nur abgespritzt, du bist nicht Hannibal Lector.

ERIC

INTERGESCHLECHTLICHKEIT

Bei manchen Menschen lassen sich die Geschlechtsmerkmale nicht klar als männlich oder weiblich einordnen. Sie gelten daher als intergeschlechtlich. Dieser Begriff umfasst alle, die sich keinem der beiden biologischen Geschlechter eindeutig zuordnen lassen. Dies kann von Geburt an der Fall sein, sich aber auch erst später im Leben entwickeln. Dementsprechend gibt es nicht das eine bestimmte Merkmal, das einen Menschen als intergeschlechtlich ausweist. Die Charakteristika reichen von der Beschaffenheit der äußeren Genitalien über die inneren Fortpflanzungsorgane bis hin zur Hormonproduktion. Schätzungen zufolge werden rund 1,7 % aller Menschen als intergeschlechtlich geboren, bei anderen wird dies erst während der Pubertät oder im Erwachsenenalter deutlich. Wobei »deutlich« nicht heißt, dass man Menschen ihre Intergeschlechtlichkeit an der Nasenspitze ansehen kann. Sie sind genauso unterschiedlich wie alle anderen auch.

Viele intergeschlechtliche Menschen werden bereits im frühesten Kindesalter operiert, um ihr Geschlecht »anzugleichen«, denn leider ist das Thema bis heute mit Scham und Stigmata behaftet. Diese Stigmata führen dazu, dass intergeschlechtliche Menschen oft mit ihrem eigenen Körper hadern und/oder ein negatives Selbstbild entwickeln. Niemand sollte jedoch gezwungen werden, sich medizinischen Eingriffen zu unterziehen, nur um irgendwelchen Normvorstellungen zu entsprechen – erst recht nicht, wenn die Person zu jung ist, um ihr Einverständnis zu erklären.

Falls du den Eindruck hast, du könntest intergeschlechtlich sein, gibt es im Internet und in vielen Gegenden auch vor Ort tolle Communitys, bei denen du Informationen, Unterstützung und jede Menge nette Leute finden kannst. Ein paar Adressen stehen hinten im Buch.

WARST DU **BEIM FRISEUR?**

Heutzutage kann man fast das Gefühl bekommen, dass man sich als Frau die Schamhaare entfernen *muss*. Lass dich davon nicht verunsichern – die Entscheidung liegt ganz bei dir. Schambehaarung ist etwas ganz Normales, bei den allermeisten von uns fängt sie während der Pubertät an zu sprießen. Wie stark oder in welcher Farbe hängt von der Genetik ab. Wenn du dich untenrum nicht rasieren möchtest, ist das völlig in Ordnung. Immerhin sparst du dadurch enorm viel Zeit und Geld, das ist schließlich auch nicht zu verachten.

Falls du dich trotzdem mal an eine Intimfrisur wagen möchtest, ist die Auswahl riesig:

Dreieck
(bis auf ein kleines Dreieck oben werden alle Haare entfernt)

Bikini Line
(wie unrasiert, nur an den Rändern zurechtgestutzt)

Landing Strip
(ähnlich wie das Dreieck, nur zu einem schmalen Streifen gestutzt)

Brazilian Cut
(komplett enthaart)

Wer ein bisschen abenteuerlustiger ist, kann es auch mal mit diesen Modellen versuchen:

Der Schnurrbart

Der Blitz

Das Herz

Der Pfeil

Auch bei denjenigen unter euch, die einen Penis ihr Eigen nennen, werden Intimrasuren zunehmend beliebter. Sei es, weil es gepflegter wirkt, dein bestes Stück dadurch größer erscheint oder du es einfach gekonnt in Szene setzen willst. Tob dich ruhig aus – aber Vorsicht: Bei Undercuts hört der Spaß auf.

Egal, ob du dich für die klassische Rasur entscheidest, zur Haarentfernungscreme greifst oder ein Waxing bevorzugst (Letzteres lässt du allerdings besser jemanden machen, der sich damit auskennt!): Denk dran, dass die Haut in der Gegend ziemlich empfindlich ist. Plan also lieber etwas Erholungszeit ein.

TIPPS VON **MOORDALES SEXPERTEN**

Als Otis und Maeve ihre Sexberatung aufgezogen haben, war ihnen vermutlich nicht klar, mit welchen Problemen sie es so alles zu tun bekommen sollten. Lagen sie mit ihren Tipps immer richtig? Ähmmmm ... nein. Aber ein paar gute Ratschläge haben sie trotzdem auf Lager.

Man kann sich leider nicht AUSSUCHEN, von wem man sich angezogen fühlt. Das geht nicht. Man kann eine Beziehung nicht erzwingen.

Manchmal liebt man jemanden, der einen nicht zurückliebt. Das ist hart, aber dagegen kann man NICHTS machen.

Du solltest das nutzen, was du hast.

Wir machen alle mal versaute Sachen, aber das heißt nicht, dass wir alle schlechte Menschen sind.

Du brauchst dein eigenes gesundes Narrativ, das du ganz allein kontrollierst.

Vielleicht solltet ihr manchmal auch das anerkennen, was NICHT PERFEKT ist.

In Märchen geht es immer um die Unterdrückung der Frau.

Sei immer EHRLICH, auch wenn du richtig Mist gebaut hast.

Pessimisten leben länger.

Die meisten Frauen haben Probleme, nur durch Penetration zum Orgasmus zu kommen.

Du hast zehn Finger und eine Zunge. Lass dir was einfallen.

Männer sind Arschlöcher und selektive Kastration ist unsere einzige Hoffnung.

Ich hab KEINEN BOCK auf 'ne Beziehung.

4 LIEBE UND BEZIEHUNGEN

In der Liebe geht es nicht um große Gesten oder den Mond und die Sterne. Das ist verdammtes Glück. Manchmal lernt man jemanden kennen, der das Gleiche fühlt. Und manchmal hat man Pech. Aber irgendwann wirst du jemanden treffen, der dich so mag, wie du bist. Es gibt sieben Milliarden Menschen auf diesem Planeten. Und einer davon wird für dich auf den Mond klettern.

OTIS MILBURN

LIEBESGURU UND NACHWUCHSPHILOPSOPH

DA KOMMT DEIN SCHWARM, **TU GANZ NORMAL**

Es gibt da also jemanden, der oder die dir nicht mehr aus dem Kopf will. Vielleicht schlägt dein Herz schneller, wenn du ihn siehst, oder du hast Schmetterlinge im Bauch, sobald du an sie denkst. Was du auch tust – gegen die Gefühle hast du keine Chance. Du bist verknallt.

Du kannst nicht kontrollieren, in wen du dich verliebst. Das ist eines der großen Mysterien des Lebens, genau wie die Frage, warum manche Menschen Ananas auf ihrer Pizza mögen, oder die Tatsache, dass wir auf Passfotos immer furchtbar aussehen. Dein Schwarm kann ein Hollywoodstar sein oder jemand, dem du neulich auf der Straße begegnet bist. Oft ist das einfach eine gesunde Möglichkeit, ganz unverkrampft herauszufinden, welche Art von Partner*in und Beziehung du dir wünschst. Aber manchmal kann sich Verknalltsein auch total verwirrend anfühlen und echte Ängste und Sorgen auslösen.

Vielleicht hast du dir bisher noch nie Gedanken über deine Sexualität gemacht und plötzlich ist da jemand, den du ziemlich gut findest – und der dasselbe Geschlecht hat wie du. Heißt das, du bist homosexuell? Oder bisexuell? (Wenn du mehr darüber wissen willst, blättere zurück zu Kapitel 2.) Starke Gefühle für jemanden zu empfinden, der demselben Geschlecht angehört, kann manchmal auch einfach Teil des Erwachsenwerdens sein. Nimm dir Zeit herauszufinden, wer du bist und was du magst. Früher oder später merkst du schon, welche Identität am besten zu dir passt. Oder du stellst fest, dass du dich lieber (noch) nicht festlegen möchtest.

Wenn es um Herzensangelegenheiten geht, gibt es kein Richtig oder Falsch. Trotzdem kann man sich dabei schnell mal überfordert fühlen. In so einem Fall kann es helfen, dich einem Freund oder einer Freundin anzuvertrauen. Oder du wendest dich an eine professionelle Beratungsstelle. Ein paar Angebote findest du hinten im Buch.

Als ich in Moordale angefangen habe, waren Lily und ich bloß Freundinnen. Sie hat mir durch die ganze Sache mit Otis geholfen und war immer für mich da. Irgendwann habe ich gemerkt, dass sie mir nicht mehr aus dem Kopf geht. Davor hatte ich noch nie Gefühle für eine andere Frau, deswegen fand ich das ehrlich gesagt ziemlich verwirrend. Aber dann ist mir klar geworden, dass ich mich nicht nach irgendwelchen veralteten Vorstellungen von Sexualität richten muss – ich habe mich zu Lily als Person hingezogen gefühlt, unabhängig von ihrem Geschlecht. Herauszufinden, dass ich pansexuell bin, und selbstbewusst dazu zu stehen, ist etwas, worauf ich wirklich stolz bin.

OLA

Mal angenommen, dein Schwarm fährt total auf Cosplay ab. Dann musst du dir doch eigentlich bloß ein paar Kostüme besorgen und ihr seid wie füreinander gemacht, oder? Nun ja, nicht unbedingt. Du solltest dich nicht auf eine bestimmte Weise anziehen oder verhalten müssen, damit dich jemand mag. Klar würdest du deinen Schwarm gerne beeindrucken und etwas finden, was euch beide verbindet. Aber eine echte Verbindung kann nur dann entstehen, wenn du so bist, wie du bist. Und wenn in Wahrheit K-Pop viel mehr dein Ding ist, bleib dabei und geh zu dieser K-Pop-Convention, auf die du dich schon so lange freust. Die Chance ist groß, dass du dort jemanden triffst, für den oder die du dich nicht verstellen musst.

Meistens verfliegt eine Schwärmerei genauso schnell wieder, wie sie begonnen hat. Gestern noch hast du den Star deiner Lieblingsfernsehserie angehimmelt, heute malst du dir plötzlich ein langes, glückliches Leben mit dem heißen Typen aus, der dir im Bus gegenübergesessen hat.

Solche Gefühle müssen auch nicht zwangsläufig romantischer Natur sein. Manchmal schwärmen wir für jemanden, den wir bewundern und mit dem wir gerne befreundet wären. Vielleicht gefällt uns der Style oder der Charakter dieser Person oder wir fühlen uns in ihrer Nähe einfach wohl.

Um für jemanden zu schwärmen, müssen wir dem- oder derjenigen gar nicht unbedingt persönlich begegnet sein. Wir können uns Menschen auch verbunden fühlen, die wir aus dem Internet kennen und zu denen wir bisher nur über Chats, Social Media oder Videocalls Kontakt hatten. Gerade in Zeiten von Corona dürfte das der einen oder dem anderen von euch sicher bekannt vorkommen ...

Manchmal kann aus einer harmlosen Schwärmerei auch ein Gefühl werden, das an Besessenheit grenzt. Wenn du merkst, dass du dich auf nichts anderes mehr konzentrieren kannst oder du vor lauter Tagträumerei kaum noch Zeit für deine Freund*innen hast, ist der Zeitpunkt gekommen, in Ruhe über deine Gefühle nachzudenken und eventuell mit jemandem darüber zu reden.

ACH, DU **AUCH HIER?**

Dass da jemand ist, den du toll findest, steht also fest. Jetzt möchtest du natürlich wissen, ob die Person deine Gefühle erwidert – nur wie? Die Antwort liegt auf der Hand: Sprich mit ihr oder ihm.

Am besten geht das von Angesicht zu Angesicht. Die gute alte »zufällige Begegnung« ist ein bewährtes Mittel, um ganz ungezwungen miteinander ins Gespräch zu kommen. Falls du dich nicht traust, direkt auf die Person zuzugehen, kannst du auch einen Freund oder eine Freundin bitten, euch einander vorzustellen. Wenn du dafür zu schüchtern bist oder das Gefühl hast, dich schriftlich viel besser ausdrücken zu können, kannst du auch erst mal versuchen, über Social Media mit deinem oder deiner Angebeteten in

Kontakt zu kommen. So kannst du dir in Ruhe zurechtlegen, was du sagen willst, und das macht es ein bisschen entspannter. In dem Fall stell aber bitte sicher, dass du auch wirklich weißt, mit wem du es zu tun hast – mehr Infos dazu, wie man online sicher kommuniziert, findest du in Kapitel 8.

Wenn ihr euch ein bisschen besser kennengelernt habt und sich die Gelegenheit ergibt, kannst du ein Treffen zu zweit vorschlagen. Das kostet wahrscheinlich ein bisschen Überwindung – aber wer nicht wagt, der nicht gewinnt. Und einer/eine von euch muss ja den ersten Schritt machen.

Wir müssen den Menschen, die wir lieben, zeigen, dass wir sie lieben. Auch wenn es uns noch so schwerfällt.

MAUREEN

ER LIEBT MICH, **SIE LIEBT MICH NICHT**

Zu den härtesten Momenten im Leben gehört es wohl, wenn man zurückgewiesen wird. Früher oder später passiert uns das allen mal, aber das macht es nicht leichter. Egal, ob es um neue Freunde geht, einen tollen Job oder eine mögliche Beziehung: Sich um etwas zu bemühen und dann abgelehnt zu werden, tut weh.

Stell dir vor, du nimmst all deinen Mut zusammen, bittest deinen Schwarm um ein Date – und er oder sie sagt Nein. Gibt es etwas Niederschmetternderes? So was kann deinem Ego einen ziemlichen Knacks verpassen. Vielleicht hast du sogar das Gefühl, nicht gut genug zu sein. Aber ganz ehrlich? Das kann wirklich jedem passieren – selbst Beyoncé kriegt mal eine Abfuhr. Denk immer daran: Nur weil jemand dich nicht so mag, wie du vielleicht gehofft hast, bist du kein schlechter Mensch. Und die Person, die dich abgewiesen hat, ist das auch nicht. Niemand kann uns vorschreiben, was wir denken oder fühlen. So hart es auch ist: Da musst du leider durch. Es wird eine Weile wehtun, das ist völlig normal und gehört dazu. Aber irgendwann wird es wieder besser. Und vielleicht hast du bei der nächsten Person ja mehr Glück.

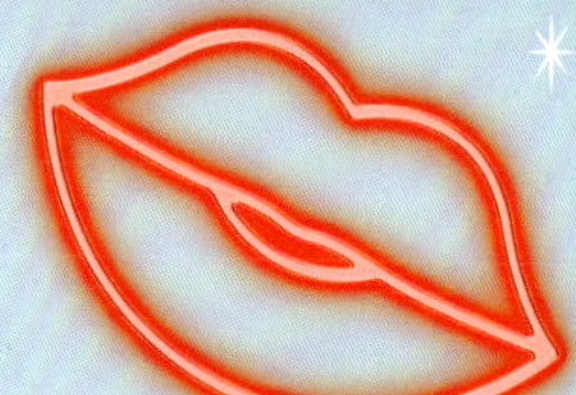

DARF ICH **DICH KÜSSEN?**

Der Weg zur Liebe ist mit Fettnäpfchen gepflastert. Und hier kommt schon das nächste: der erste Kuss. Egal, ob es dein allererster Kuss ist oder du schon Übung hast – jemand Neues zum ersten Mal zu küssen, ist trotzdem jedes Mal wieder aufregend und ein bisschen beängstigend.

Es gibt dabei nicht den einen richtigen Zeitpunkt. Wenn du in der Stimmung bist und dein Gegenüber dir signalisiert, dass es ihm oder ihr genauso geht, dann hör auf dein Bauchgefühl und leg los. Wahrscheinlich ist er oder sie genauso nervös wie du. Für jeden ist es schließlich irgendwann mal der erste Kuss. Versuch, dich zu entspannen und den Moment zu genießen. Und falls doch etwas schiefläuft und ihr stattdessen mit den Köpfen zusammenkracht? Tja, dann habt ihr zumindest was zu lachen – und vielleicht eine lustige Geschichte für später.

Wichtig: Du musst nichts tun, was du nicht möchtest. Wenn dein Gegenüber dich küssen möchte, dir aber nicht danach ist, darfst du jederzeit Nein sagen. Besser, du sagst gleich, was Sache ist, als dass ihr ewig um den heißen Brei redet und du ihm oder ihr falsche Hoffnung machst.

WIR HABEN EIN **DATE – UND JETZT?**

Wenn du deinen Schwarm auf ein Date einlädst, solltest du nicht nur darauf achten, wo es die beste Pizza gibt. Such etwas aus, das zu euren Bedürfnissen passt. Wo fühlt ihr euch wohl? Sind die Leute dort offen für LGBTQ+-Paare? Gibt es die Möglichkeit, auf spezielle Ernährungswünsche einzugehen? Sind die Zugänge barrierefrei? Könnt ihr beide sicher dorthin und wieder nach Hause kommen?

Mach dir gar nicht erst den Stress, das »perfekte« Date zu planen. Das gibt es sowieso nicht. Wichtiger ist, dass ihr Spaß habt. Denn mal ehrlich: Könntet ihr es wirklich genießen, euch durch ein schier endloses Sechs-Gänge-Menü zu arbeiten, wenn ihr eigentlich viel mehr Bock auf Döner und 'ne Cola habt? Der Schlüssel zu einem tollen Date ist es, etwas zu finden, was euch *beiden* Freude macht. Und was das konkret ist, wisst eben nur ihr selbst.

Das Doppeldate von Adam und mir mit Otis und Ruby begann einfach furchtbar. Ich konnte kaum erwarten, aus der Sache rauszukommen. Aber dann entdeckten Ruby und Adam plötzlich ihre gemeinsame Vorliebe für die Kardashians! Ist das zu glauben? Manche Menschen überraschen einen echt immer wieder.

ERIC

ES WIRD **ERNST**

Die ersten Dates sind gemeistert und du schwebst auf Wolke sieben. Gleichzeitig ist da immer noch diese nagende Sorge, dass am Ende vielleicht doch nichts daraus wird. Dabei würdest du dich am liebsten entspannen und einfach nur genießen. Das muss doch irgendwann möglich sein, oder? Oder?!

Jede Beziehung ist anders und das Einzige, was hilft, ist Geduld. Früher oder später merkst du vielleicht, dass diese Beziehung doch nichts für dich ist. Oder du erkennst, dass die Angst, dein Schwarm könnte nicht das Gleiche empfinden wie du, völlig unbegründet ist.

Es kann allerdings durchaus sein, dass eine*r von euch die Sache schneller offiziell machen möchte als der oder die andere, und das ist völlig okay. Vielleicht seid ihr nicht ganz im gleichen Tempo unterwegs, aber das bedeutet nicht automatisch das Ende der Welt. Niemand weiß, was morgen ist. Wir sind alle nur Menschen und unsere Gefühle verändern sich ständig. Lass dich nicht verrückt machen und genieß die Dinge, wie sie sind. Der größte Fehler, den du machen kannst, ist, etwas zu überstürzen oder dein Gegenüber unter Druck zu setzen.

Wenn du dir in Gedanken bereits eure Hochzeit und zukünftigen Kinder ausmalst, vergiss bitte nicht, dass dein Schwarm vielleicht noch nicht ganz so weit ist. Und das solltest du auch akzeptieren. Natürlich kannst du nach Herzenslust von eurem Häuschen am Meer und den beiden süßen Dackeln, die dort mit euch wohnen werden, träumen, aber behalte das vielleicht erst mal noch für dich.

Sich festlegen zu müssen, kann beängstigend sein.

JEAN

DAS **L-WORT**

Liebe – ein Thema, an dem sich auch die größten Denker ihr Leben lang abgearbeitet haben. Es gibt unzählige Bücher, Filme und Songs, in denen es nur darum geht. Aber was ist Liebe überhaupt?

Tatsächlich ist die Liebe ein weites Feld, das sich gar nicht so leicht definieren lässt. Neben der romantischen Liebe gibt es auch noch die Liebe, die du für deine Familie, deine Freund*innen, deine Haustiere, deinen Lieblingsmusiker oder sonst wen in deinem Leben empfindest. Jede Art von Liebe ist anders und trotzdem sind sie irgendwie alle gleich. Liebe ist ein Gefühl, das eines Tages einfach da ist, und manchmal sogar, ohne dass man es merkt.

Liebe bedeutet für jede*n etwas anderes. Nur du selbst weißt, wie sie sich für dich anfühlt und wann und für wen du sie empfindest.

Ich glaube, niemand von uns versteht wirklich, was Liebe ist, außer dass wir sie fühlen, wenn wir sie fühlen.

JEAN

Genauso gibt es auch keinen festgelegten, für alle geltenden Zeitpunkt, an dem ihr einander sagen solltet, dass ihr euch liebt. Jede Beziehung ist einzigartig, und während manche Paare die drei kleinen Worte schon kurz nach dem ersten Date verwenden, lassen sich andere monatelang damit Zeit – oder kommen auch nie an den Punkt.

Manche Menschen machen aus ihrem ersten »Ich liebe dich« ein Riesending mit Blumen, Pralinen und allem Drum und Dran. Anderen platzt es irgendwann einfach so raus. Egal, wie du es angehst, denk dran: Wenn es einmal ausgesprochen ist, kannst du es nicht mehr zurücknehmen.

Natürlich ist dieser Schritt immer mit einem gewissen Risiko verbunden, denn eine*r von euch muss es nun mal zuerst sagen. Wenn du das bist: Glückwunsch, du kannst stolz auf dich sein! Falls dein*e Partner*in die Worte nicht gleich erwidert, ist das kein Grund zur Panik. Vielleicht ist er oder sie bloß noch nicht so weit und holt es in ein paar Wochen nach.

Als Ruby mir gesagt hat, dass sie mich liebt, war das echt ein Schock für mich. Das hat man meiner Reaktion vermutlich angemerkt. Furchtbar, das ist mir immer noch peinlich. Aber ich konnte es einfach nicht zurücksagen. Ich hatte nicht die gleichen Gefühle für sie und es wäre uns beiden gegenüber nicht fair gewesen, so zu tun, als ob. Trotzdem hätte ich wahrscheinlich besser reagieren sollen. Aber so bin ich eben. Wenn ich in der Schusslinie stehe, gerate ich schnell in Panik und rede dummes Zeug. Irgendwie ist das doch auch nur menschlich, oder? Wichtiger ist, dass ich hinterher mit ihr darüber geredet habe. In solchen Dingen sollte man immer ehrlich zueinander sein.

OTIS

Es kann jedoch auch sein, dass er oder sie einfach nicht dasselbe empfindet – das ist hart, aber daran lässt sich nichts ändern.

Wenn die Gefühle nicht da sind, solltest du auch nicht so tun, als wären sie es. Sag nur dann, dass du jemanden liebst, wenn du es wirklich so meinst. Du musst dich nicht nach anderer Leute Vorstellungen richten.

Weißt du, in romantischen Komödien, wenn der Typ endlich checkt, dass er verknallt ist, und mit 'nem Gettoblaster vor ihrem Haus steht und ihren Lieblingssong auflegt und alle im Kino feuchte Augen kriegen? Bei so was krieg ich 'ne Krise.

MAEVE

TRENNUNGEN **(SIND KACKE)**

Es führt kein Weg daran vorbei – früher oder später wird wohl jedem mal das Herz gebrochen. Und das ist echt ätzend. Trennungen und Zurückweisungen erzeugen diese ganz spezielle Art von Schmerz wie sonst nichts anderes. Als würde jemand mit einer riesigen Nadel in deiner Seele herumstochern. Plötzlich fängst du an, alles an dir zu hinterfragen, und dein Selbstwertgefühl rasselt in den Keller. Die negativen Gedanken kreisen durch dein Gehirn wie hungrige Haie auf Futtersuche.

Für ein gebrochenes Herz gibt es leider kein schnelles Heilmittel. Aber es kann helfen, mit jemandem darüber zu reden, aufzuschreiben, wie du dich fühlst, oder dich einfach mal gründlich auszuweinen. Das Schlimmste, was du tun kannst, ist, deine Gefühle zu unterdrücken und irgendwo wegzusperren. So schmerzhaft es auch sein mag – es ist sinnvoller, dich ihnen gleich zu stellen. Und ansonsten kannst du nicht viel mehr tun, als abzuwarten und Tee zu trinken. Was sich heute noch unerträglich anfühlt, wird mit der Zeit nachlassen. Und irgendwann geht es dir wieder besser.

Umgekehrt kann es aber natürlich auch sein, dass du die Gefühle deines Partners oder deiner Partnerin nicht mehr erwiderst. Falls du mit dem Gedanken spielst, nur deswegen mit ihm oder ihr zusammenzubleiben, weil es so einfacher ist: Das ist unfair. Ja, eine Trennung ist hart, aber dein*e Partner*in verdient es, dass du ehrlich bist.

Ab und zu lernst du vielleicht auch jemanden kennen, der dir gefällt, mit dem du aber nichts Ernsthaftes anfangen willst. Solange ihr beide damit zufrieden seid und sich nicht eine*r von euch insgeheim Hoffnungen auf mehr macht, spricht absolut nichts dagegen, Spaß zu haben. Jedenfalls allemal unterhaltsamer als ein endloses Familientreffen.

Wir sind jetzt schon seit 'ner Dreiviertelstunde am Händchenhalten. Ich weiß, wie Händchenhalten geht. Ich bin zum Vögeln hier.

LILY

Wenn du an einer Beziehung festhältst, in der du dich nicht mehr wohlfühlst, tust du dir selbst keinen Gefallen. Du kannst auch als Single jede Menge Spaß haben und glücklich sein (mehr dazu in Kapitel 11). Außerdem verpasst du es dadurch möglicherweise, die Person kennenzulernen, die wirklich zu dir passt. **Also red keinen Stuss, mach schon Schluss** (so nett und umsichtig, wie du kannst, versteht sich).

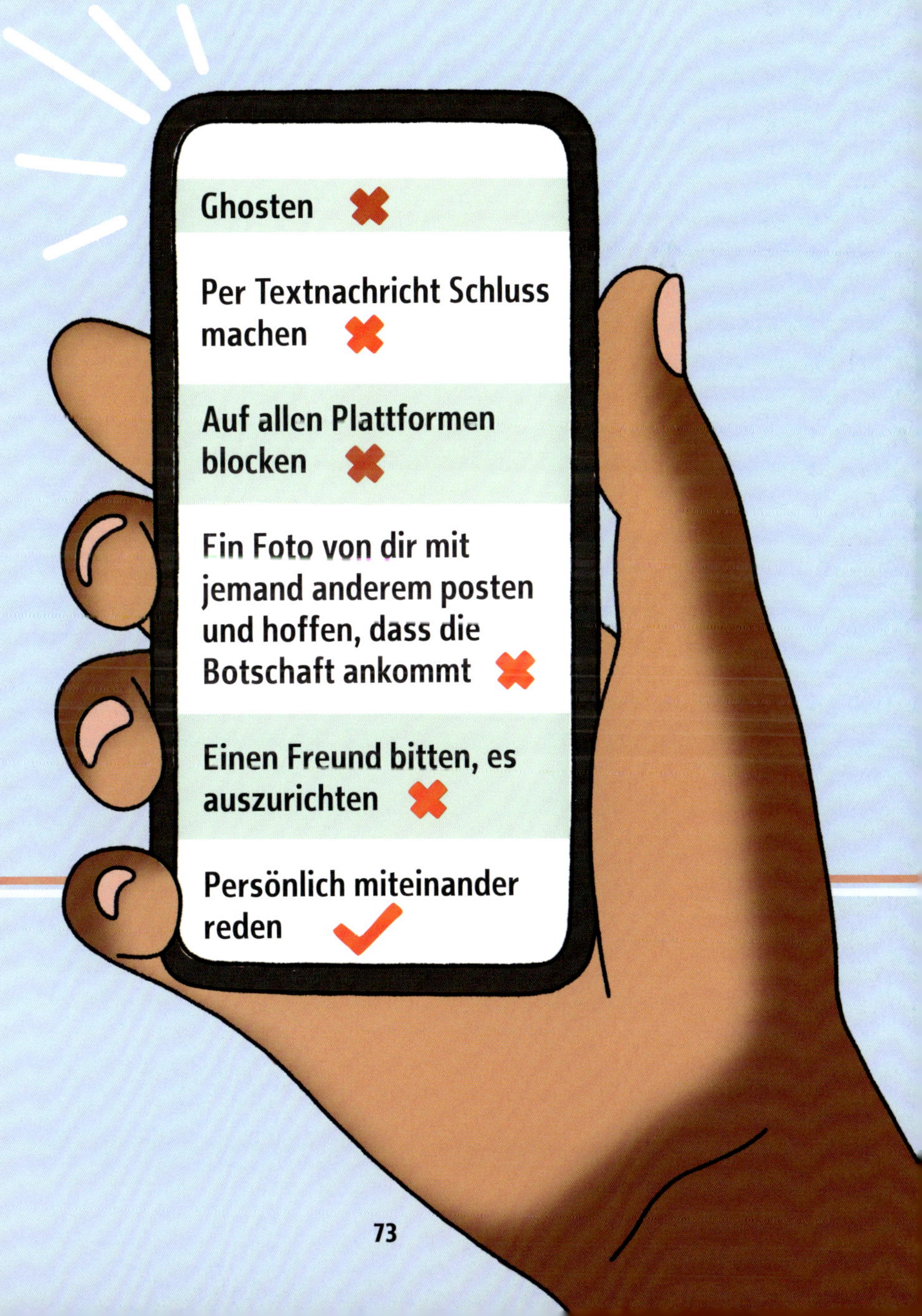

Wenn du beschließt, Schluss zu machen, tu es persönlich oder, falls ihr weit voneinander entfernt wohnt, per Videochat. Erkläre, was die Gründe dafür sind – wenn nötig, schreib sie dir vorher auf –, und gib deinem Gegenüber die Gelegenheit, Fragen zu stellen. Es ist nicht fair, deine*n Ex mit einem Haufen »Warums« stehen zu lassen. Im ersten Moment ist das vielleicht schmerzhaft, macht es euch auf die Dauer aber hoffentlich leichter, darüber hinwegzukommen.

Wenn klar ist, dass ihr euch auch weiterhin über den Weg laufen werdet, solltet ihr besprechen, wie ihr damit umgehen wollt. So vermeidet ihr dieses oft furchtbar unangenehme erste Wiedersehen-nach-der-Trennung. Mag sein, dass du danach gern befreundet bleiben würdest, aber wenn sie oder er das nicht möchte, solltest du das akzeptieren. Lass ihr oder ihm Zeit und Raum – vielleicht könnt ihr dann eines Tages wieder Freunde werden.

Wenn dein*e Ex keinen Kontakt mehr zu dir möchte, respektiere diesen Wunsch, auch wenn du sie oder ihn immer noch gernhast. Die Beziehung ist vorbei und es ist nicht in Ordnung, ungefragt anzurufen, Nachrichten zu schreiben oder sogar bei ihm oder ihr zu Hause aufzukreuzen. Sollte dein*e Ex sich gegen deinen ausdrücklichen Wunsch weiter bei dir melden, hol dir Unterstützung bei deinen Freund*innen oder deiner Familie. Wenn dieses Verhalten einfach nicht aufhört oder du dich dadurch in irgendeiner Weise bedroht fühlst, kannst du dich auch an die Polizei wenden und Anzeige erstatten.

Ein letzter Rat ganz im Vertrauen:

Falls du über einen Trennungshaarschnitt nachdenkst – lass es. Du wirst es bereuen.

WORAN DU EINE **UNGESUNDE BEZIEHUNG ERKENNST**

Leider drehen sich nicht alle Beziehungen darum, mit Emojis auf möglichst kreative Weise »Ich liebe dich« zu schreiben und abends auf dem Sofa zu kuscheln. Manchmal kann auch etwas ziemlich schieflaufen und du findest dich in einer emotional oder körperlich gewalttätigen Beziehung wieder.

Emotionale Misshandlung kann so subtil vonstattengehen, dass du sie erst bemerkst, wenn sie sich auf dein gesamtes Leben auswirkt. Die Täter*innen gehen dabei oft in winzig kleinen Schritten vor. Erst ist es vielleicht nur ein fieser Spruch hier und da, doch irgendwann geht es so weit, dass du dir selbst nicht mehr traust, dich ständig hinterfragst und dich sogar für Dinge entschuldigst, die du gar nicht getan hast.

In solchen Beziehungen versucht dein Partner oder deine Partnerin, alles zu kontrollieren, was du tust. Ehe du dich versiehst, trägst du nur noch Sachen, die ihm oder ihr gefallen, und fragst um Erlaubnis, bevor du dich mit Freunden triffst. Eine weitere Masche ist es, dich so weit wie möglich von deinen Freund*innen und deiner Familie zu isolieren – so bist du bald vollständig von dieser einen Person abhängig und er oder sie hat die komplette Kontrolle über dich.

Von körperlicher Misshandlung ist die Rede, wenn dein*e Partner*in dir gegenüber gewalttätig wird. Bei den Opfern solcher Misshandlungen kann sich der Eindruck einschleichen, dass sie sich tatsächlich irgendwie falsch verhalten haben. Wenn sie bloß nicht so dumm/anstrengend/aufreizend wären, würde das alles nicht passieren. Aber das stimmt nicht. Das Opfer ist niemals schuld. Wenn du dich in einer Situation befindest, in der du Angst vor deinem Partner oder deiner Partnerin haben musst, such dir bitte schnellstmöglich Hilfe.

Nach einem solchen Gewaltausbruch entschuldigt sich dein*e Partner*in vielleicht bei dir, sagt, dass es ihm/ihr furchtbar leidtut und dass so was nie wieder vorkommt. Es mag verlockend sein, das zu glauben, nur leider entspricht das fast nie der Wahrheit. Wenn jemand einmal körperlich übergriffig geworden ist, ist die Gefahr relativ groß, dass das früher oder später wieder passiert.

Fakt ist: Täter*innen ändern sich nur selten. Manche begreifen gar nicht, dass das, was sie tun, Misshandlung ist. Andere wissen das zwar, können aber nicht aus ihrer Haut. Was auch immer die Ursache dafür ist – es ist nicht deine Aufgabe, das Problem zu lösen. Das kann nur jemand, der beruflich dafür ausgebildet ist. Du bist für deine eigene körperliche und psychische Gesundheit zuständig, nicht für irgendjemand anderen.

Es ist nicht immer leicht, aus einer gewalttätigen Beziehung zu entkommen. Vielleicht fällt es dir schwer zu erkennen, wie schlimm die Dinge wirklich stehen, oder dein Selbstwertgefühl ist völlig am Boden. Möglicherweise fühlst du dich auch verpflichtet, deinem Partner oder deiner Partnerin zu helfen. Aber Misshandlung ist niemals okay, egal in welcher Form. Und es gibt immer einen Ausweg, auch wenn es dir im Moment nicht so vorkommen mag. Wenn es um dich herum niemanden gibt, mit dem du reden kannst, kannst du dich auch jederzeit an eine anonyme Beratungshotline wenden. Dort findest du Tipps und Hilfe. Und wenn die Situation so bedrohlich ist, dass du Angst um deine Sicherheit hast, ruf die Polizei.

Denk dran: Du und dein Wohlergehen habt absolute Priorität.

SINGLE UND **GLÜCKLICH**

Schon klar, Single zu sein, kann echt nerven. Vor allem, wenn die Social-Media-Profile deiner Freund*innen von süßen Pärchenfotos überquellen, während du allein zu Hause sitzt, sämtliche Staffeln deiner Lieblingsserie durchsuchtest und dabei hoffst, dass dein heimlicher Schwarm dir wie von Zauberhand eine Nachricht schreibt.

Leider passiert so was im wahren Leben nur äußerst selten. Um mal mit der dicken Philosophenkeule zu kommen: »Das Glück gehört denen, die sich selbst genügen.« Sagte schon der gute alte Schopenhauer.

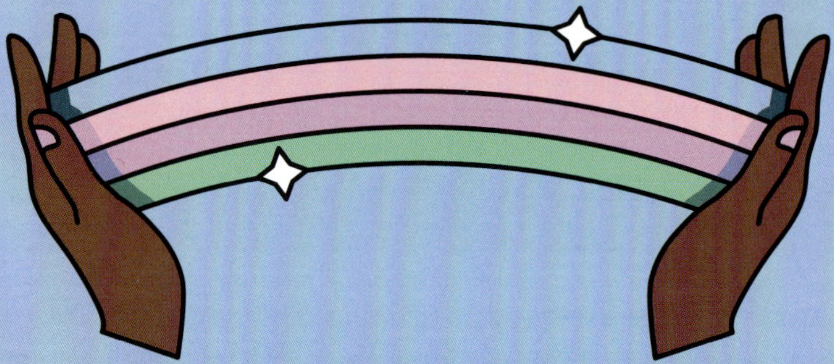

Und wer behauptet eigentlich, dass es so schlimm ist, Single zu sein? Viele Menschen sind absolut zufrieden damit, für sich zu sein, und verspüren gar nicht unbedingt das Bedürfnis, eine Beziehung einzugehen. Du brauchst keine »bessere Hälfte«, um glücklich zu sein. Weder bist du nur ein halber Mensch, noch benötigst du jemanden, der dich besser macht.

Es ist immer besser, allein zu sein, als mit jemandem zusammen zu sein, der dich nicht glücklich macht. Wenn du all deine Energie daran setzt, eine Beziehung am Laufen zu halten, nur damit du mit jemandem zusammen bist, wie viel Energie bleibt dann noch für dich selbst?

Im Internet gibt es jede Menge Tipps für eine gute Beziehung und fast immer geht es dabei auch um ein gesundes Selbstwertgefühl. Da ist wirklich was dran. Wenn du eine glückliche, erfüllte Beziehung zu jemand anderem aufbauen willst, solltest du zuallererst an der wichtigsten Beziehung von allen arbeiten – der zu dir selbst.

Als Eric zu mir sagte: »Es ist schwer, jemanden zu mögen, der sich selbst nicht leiden kann«, hat das ziemlich wehgetan. Ich wusste, dass er recht hatte, aber es war trotzdem nicht gerade angenehm. Mir fällt es schwer, meine Gefühle auszudrücken, weil ich immer noch nicht genau weiß, wer ich bin und was ich will. Ich versuche, netter zu mir selbst zu sein, doch das ist gar nicht so einfach. Ich möchte mit Eric zusammen sein, aber vor allem muss ich rausfinden, wer ich bin, und das kann ich nur allein. Ich muss lernen, mich selbst zu akzeptieren.

ADAM

Die Moral der Geschichte ist: Mach dein Glück und dein Selbstwertgefühl nicht von anderen abhängig. Du gerätst sonst leicht in einen Teufelskreis, der dich immer nur noch unglücklicher macht. Wenn du lernst, auch alleine bestens zurechtzukommen, hast du so ziemlich die wichtigste Lektion des Lebens gemeistert.

DU MACHST NICHT **ALLES FALSCH**

Leider gibt es für die Liebe keine Bedienungsanleitung, in der du bei Fragen mal schnell nachschlagen kannst. Falls dich das ganze Thema also irgendwie nervös, unsicher, ängstlich oder misstrauisch macht: Willkommen in der Welt des Datings. An dem Punkt waren alle mal, selbst die, bei denen alles scheinbar läuft wie geschmiert. In der Liebe ist es wie im Leben: Wir alle tun, was wir können, und lernen von Tag zu Tag dazu.

Manchmal ist das schwierig, schmerzhaft oder verwirrend. Auch wenn es klingt wie ein Klischee: Fehler gehören dazu und morgen ist ein neuer Tag. Aufstehen, Krone richten, weitermachen.

ALLES EINE FRAGE DES **RESPEKTS**

Wenn es um Personen weiblichen Geschlechts (biologisch und anderweitig) geht, sang bereits die unsterbliche Aretha Franklin:

ALL THEY'RE ASKING IS FOR A LITTLE RESPECT.

(Alles, worum sie bitten, ist ein wenig **Respekt**.)

Das gilt im Übrigen nicht bloß für Beziehungen. Wir sollten ganz allgemein darauf achten, dass wir andere angemessen und mit Respekt behandeln. Und das betrifft jede*n Einzelne*n von uns. Frauen auf der Straße hinterherzupfeifen, abfällige oder anzügliche Kommentare vom Stapel zu lassen oder zu versuchen, andere einzuschüchtern, in Verlegenheit zu bringen oder gar zu demütigen, geht gar nicht. Und ein lahmes

WAR DOCH BLOSS 'N **WITZ!**

ist keine Entschuldigung.

Vielleicht hast du das Gefühl, dich auf eine bestimmte Weise aufführen zu müssen, um dazuzugehören. Aber dieses Verhalten schadet allen, auch dir.

Niemand sollte seinen Alltag darauf ausrichten müssen, nicht von anderen belästigt (oder Schlimmeres) zu werden.

DAS GEHT AUCH EUCH AN, JUNGS.

Es ist ganz normal, dass sich ein jüngerer Mann von einer reifen Frau sexuell angezogen fühlt. Und wenn du seine Vorliebe stigmatisierst, löst das ein ungesundes Narrativ aus, das in eine Lebenskrise führen kann.

JEAN

ICH HABE EINEN ROLLSTUHL. **NA UND?**

Die Leute stellen automatisch alle möglichen Vermutungen über mich an. An manchen Tagen tut das echt weh, an anderen lache ich bloß darüber. Ab und zu mache ich mir einen Spaß daraus, ihnen die wildesten Storys darüber aufzutischen, weshalb ich im Rollstuhl sitze. Die Gesichter sind zum Schießen! Das hier sind einige der häufigsten Dinge, die andere Menschen über mich denken, wenn sie mir zum ersten Mal begegnen.

1 Ich bin schüchtern.
Bin ich nicht. Ich glaube, das ist ziemlich offensichtlich.

2 Ich sollte schüchtern sein.
Ein Rollstuhl ist keine Charaktereigenschaft. Ich bin laut, habe keine Angst davor, meine Meinung zu sagen, und lache gern. So wie jede*r andere auch. Meine Behinderung sagt nichts darüber aus, wer ich bin.

3 Mein Leben ist langweilig.
Das Faszinierende an Rollstühlen ist, dass sie fahren können! Ich gehe shoppen, treffe mich mit Freunden, lese viel und habe auch sonst jede Menge Hobbys. Zum Beispiel Malen, das liebe ich.

4 Ich kriege nichts alleine hin.
Ja, bei manchen Dingen brauche ich Hilfe, aber vieles kann ich auch sehr gut alleine. Und braucht nicht jede*r ab und zu mal Hilfe? Da ist doch nichts dabei. Oder willst du mir etwa weismachen, du wäschst und putzt alle deine Sachen selbst?

5 Ich bin nur mit behinderten Menschen befreundet.
Klar, gelegentlich ist es schon nett, mit Leuten zu reden, die nachvollziehen können, mit welchen Schwierigkeiten ich es zu tun habe. Aber ich wähle meine Freunde nicht danach aus, ob sie eine Behinderung haben, sondern ob ich mich mit ihnen verstehe. So wie jede*r andere auch!

6 Ich beantworte herzlich gern sämtliche Fragen über meine Behinderung.

Ich weiß, so ein Rollstuhl macht neugierig. Ich kann gar nicht mehr zählen, wie oft jemand wissen wollte: »Was ist passiert?« Schon mal was von Privatsphäre gehört? Wenn du Fragen hast, findest du die Antworten bestimmt auch im Internet. Oder erkundige dich wenigstens, ob die betreffende Person bereit ist, über ihre Behinderung zu sprechen. Und wenn nicht, dann akzeptier das! Niemand sollte gezwungen sein, persönliche Fragen zu beantworten, wenn er oder sie das nicht möchte. Du willst doch sicher auch nicht, dass ich dich nach deiner medizinischen Vorgeschichte ausfrage, oder?

7 Ich denke niemals an Sex.

Wieso nicht?

8 Ich kann keinen Sex haben.

Kann ich und habe ich auch. Jede*r ist anders – manche Menschen können bestimmte Dinge vielleicht nicht spüren oder keine Erektion bekommen. Aber das heißt nicht, dass sie nicht trotzdem Sex haben und ihn auch genießen können. Im Zweifelsfall muss man halt kreativ werden und andere Ansätze ausprobieren. Das kann auch superspannend sein! Außerdem ist Sex eh von Mensch zu Mensch verschieden.

9 Ich finde nur andere Menschen mit Behinderung attraktiv.

So ein Quatsch. Genauso gut könntest du sagen, ich finde nur Menschen attraktiv, deren Vorname ebenfalls mit einem I beginnt. Ich finde Maeve toll, weil sie witzig, cool und sexy ist, Punkt.

10 Ich sollte dankbar sein, wenn mich jemand attraktiv findet.

Nur weil ich einen Rollstuhl benutze, muss ich mich doch nicht gleich auf die erstbeste Person stürzen, die Interesse an mir zeigt. Ich sehe gut aus, bin lustig, klug und würde einen wirklich guten festen Freund abgeben. Was soll ich sagen, ich bin ein echter Fang!

5 WEG MIT DER SCHAM, REIN INS VERGNÜGEN

Egal, ob du es bereits tust, du mit dem Gedanken spielst, es bald zu tun, oder lieber noch ein paar Jahre warten möchtest: Ein paar Dinge über S-e-x sollten wir alle wissen.

Das Wichtigste gleich vorweg: Auch wenn der Aufklärungsunterricht in der Schule oft eher auf technische Details beschränkt ist und sich ziemlich krampfig und unangenehm anfühlen kann, ist Sex nichts, wofür man sich schämen muss. Daran denken, darüber reden, es tun – nichts davon muss dir peinlich sein.

Sex, Lust und Leidenschaft sind so alt wie die Menschheit selbst, wenngleich das nicht immer alle wahrhaben wollen. Jemanden zu begehren, in lustvollen Gedanken zu schwelgen und vor allem Sex zu haben, ist vollkommen natürlich. Eigentlich logisch, denn …

sonst gäbe es dich nicht.

Wie meine Mum immer sagt, der Weg zu einem gesunden Sexualleben führt über Vertrauen, Gespräche und Ehrlichkeit.

OTIS

DU GEHST MIR NICHT **AUS DEM KOPF**

Nun bist du also schon eine Weile mit jemandem zusammen und magst sie oder ihn so RICHTIG gern. Vielleicht hast du das Gefühl, dass du bereit bist, den nächsten Schritt zu gehen. Aber was bedeutet das eigentlich und bist du *wirklich* schon bereit?

Wir alle haben unser eigenes Tempo, die Realität sieht also für jede*n ein bisschen anders aus. Trotzdem gibt es ein paar Dinge, die es beim Thema Sex und Intimität zu bedenken gilt:

1

Miteinander intim zu sein, bedeutet nicht zwangsläufig, dass ihr dafür eure Sachen ausziehen müsst. Intimität kann auch durch Küssen oder Kuscheln entstehen. Oder indem ihr euch Zeit nehmt, einander wirklich gut kennenzulernen.

2

Sex umfasst nicht nur »das eine«. Im Grunde gehört alles dazu, was dich erregt und dir Lust bereitet. Es gibt also jede Menge, womit ihr experimentieren könnt. Ihr müsst nicht so schnell wie möglich alles durchprobieren. Nehmt euch Zeit zu erkunden, was sich für euch beide gut anfühlt. So könnt ihr »es« richtig genießen, wenn es so weit ist.

3

Ihr solltet nur Sex haben, wenn ihr beide bewusst damit einverstanden seid. Lass dich nicht unter Druck setzen, etwas auszuprobieren, was du nicht möchtest, und üb umgekehrt auch keinen Druck auf deinen Partner oder deine Partnerin aus. Bei Sex und Intimität sollte es allein ums Vergnügen gehen – und zwar für beide.

4

Du entscheidest, wann der richtige Zeitpunkt für dich gekommen ist, niemand sonst. Lass dich nicht bloß darauf ein, weil dein*e Partner*in es möchte oder deine Freund*innen es bereits getan haben. Im Übrigen wird ziemlich viel gelogen, wenn es um das eigene Sexleben geht – es ist also gar nicht so unwahrscheinlich, dass der Kumpel, der ständig mit seinen Eroberungen prahlt, in Wahrheit nicht mal die Hälfte davon erlebt hat. Hör auf dein Bauchgefühl. Der richtige Zeitpunkt ist gekommen, wenn du gründlich darüber nachgedacht hast und dir wirklich sicher bist, dass du es willst – und zwar nicht, um irgendwem zu gefallen.

5

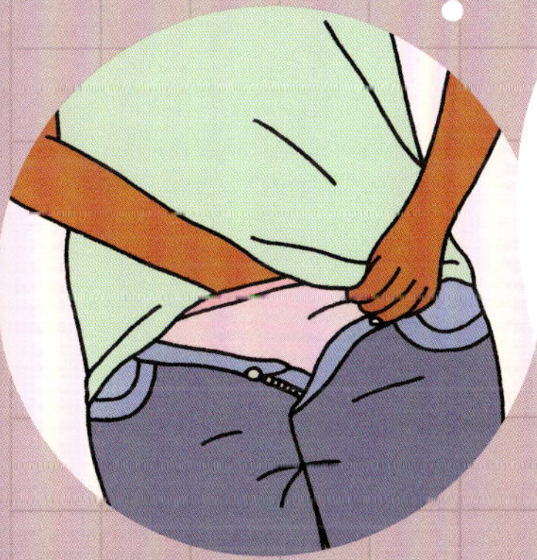

Es gibt kein spezielles Alter, bis zu dem du dein erstes Mal hinter dich gebracht haben musst. Das ist kein Wettbewerb. Viele Menschen warten lieber, bis sie ein bisschen älter sind. Und manche verzichten auch ganz darauf. Es gibt keinen Preis für den, der als Erstes kommt. (Sorry für das Wortspiel.)

6

Hinter dem traditionellen Konzept der Jungfräulichkeit steckt eine sehr starre Vorstellung von Sex – das Eindringen eines Mannes in die Vagina einer Frau. Die Realität sieht für viele Paare aber ganz anders aus. Also denk dran: Sex umfasst ein breites Spektrum verschiedenster Aktivitäten.

EINVERSTANDEN?

Kommen wir zu einem anderen wichtigen Thema beim Sex: dem gegenseitigen Einverständnis.

In Deutschland liegt das sogenannte Schutzalter bei 14 Jahren. Ab da giltst du vor dem Gesetz als erwachsen genug, selbstbestimmt Sex zu haben – allerdings nur mit Partner*innen, die ungefähr in deinem Alter, mindestens aber ebenfalls 14 Jahre alt sind und zu denen du in keinem Abhängigkeitsverhältnis stehst. Es gibt jedoch auch Konstellationen, in denen dieses Alter höher liegt. Wenn du dir nicht sicher bist, informier dich also lieber, welche Gesetze für dich gelten. Die sind schließlich dafür gedacht, dich und deine Partnerin oder deinen Partner zu schützen.

Gegenseitiges Einverständnis bedeutet, dass keine*r etwas tut, was die oder der andere nicht möchte. Egal ob es ums Küssen, um Berührungen oder um Geschlechtsverkehr welcher Art auch immer geht, ihr müsst beide in der Lage sein, eigenmächtig und ohne Zwang zuzustimmen. Vergewissere dich also zwischendurch ruhig öfter mal, ob sich dein*e Partner*in noch wohlfühlt.

Damit das klar ist: Ohne Einverständnis geht nichts. Und das besteht nicht unbedingt nur aus einem

JA oder NEIN.

Achte auch auf andere Signale deines Partners oder deiner Partnerin:

Körpersprache, Augenkontakt und Gesichtsausdruck

Sieht er/sie dich dabei an und geht auf deine Berührungen ein? Ist er/sie voll bei der Sache?

Fühlt er/sie sich merklich wohl und genießt die Erfahrung?

Oder scheint er/sie sich unwohl zu fühlen?

Weicht er/sie dir aus und wirkt nervös oder stiller als sonst?

Denk immer dran: Nein heißt Nein und das gilt es zu respektieren.

ES IST MEINE VAGINA

Wenn ihr gerade mittendrin seid, kann es manchmal ziemlich unangenehm sein zu sagen, dass dir etwas nicht gefällt oder du lieber aufhören möchtest. Trotzdem ist es wichtig, dass du aussprichst, wenn du dich nicht wohlfühlst. Umgekehrt solltest du auch auf deinen Partner oder deine Partnerin achten – vielleicht sagt er/sie nur Ja zu etwas, weil er/sie glaubt, dass du das möchtest. So was merkst du sehr oft an der Körpersprache. Und wenn die Nein schreit, solltest du darauf hören. Wenn du dir nicht sicher bist, frag nach. Eine offene und ehrliche Kommunikation ist das A und O.

REDEN HILFT IMMER

Nur weil du mit jemandem zusammen bist, heißt das nicht, dass du automatisch alles tun musst, was dein*e Partner*in möchte. Und selbst, wenn du einmal zu etwas zugestimmt hast, musst du das beim nächsten Mal nicht wieder tun.

Es ist dein Körper und du entscheidest, was für dich okay ist und was nicht. Wenn jemand etwas gegen deinen Willen tut, gilt das als Übergriff und der ist strafbar. Weitere Infos dazu findest du in Kapitel 9.

MACH'S DIR **SELBST**

Sexuelles Verlangen ist etwas ganz Natürliches und kann dich jederzeit und überall überkommen. Vielleicht wachst du schon mit einem kribbeligen Gefühl da unten auf und wirst es den ganzen Tag nicht los. Oder du begegnest jemandem auf der Straße, bei dessen Anblick du weiche Knie kriegst, und schwupps, geht bei dir das Kopfkino los. Was jetzt helfen kann, ist Masturbation.

Lange Zeit war Selbstbefriedung ein Thema, das irgendwie nur Männer zu betreffen schien. So als wäre der Rest der Menschheit viel zu prüde, um es sich selbst zu besorgen. Sei versichert: Das ist totaler Unsinn. Trotzdem ist es bis heute das Normalste auf der Welt, Witze übers Dauerwichsen zu machen (in manchen Filmen gibt es mehr Witze über masturbierende Jungs als weibliche Sprechrollen), während weibliche Selbstbefriedigung weitestgehend unter den Teppich gekehrt wird. Wir tun so, als wäre das etwas Peinliches, über das man bestenfalls hinter vorgehaltener Hand redet. **Damit ist jetzt Schluss!**

Ich hab's mir die ganze Nacht selbst gemacht und vier Packungen Schokomuffins vernascht. Ich glaub, mein Kitzler fällt mir gleich ab. Aber jetzt weiß ich genau, was ich will.

AIMEE

Manche Leute mögen Masturbation nicht besonders oder sie haben einfach keine Lust darauf – das ist völlig in Ordnung. Jede*r weiß selbst am besten, was ihr oder ihm guttut. Aber wenn du Spaß daran hast, genieße es. Selbstbefriedigung ist für alle da, unabhängig von Alter oder Geschlecht.

Zudem gibt sie dir die Möglichkeit herauszufinden, was dir gefällt und was nicht. Und das wiederum kannst du dann deiner Partnerin oder deinem Partner zeigen, wenn ihr miteinander intim sein. Aber das geht eben nur, wenn du weißt, was du magst. Und praktisch ist die Nummer auch noch: Auf dich selbst ist schließlich immer Verlass, wenn da unten gerade Not am Mann (oder der Frau) ist.

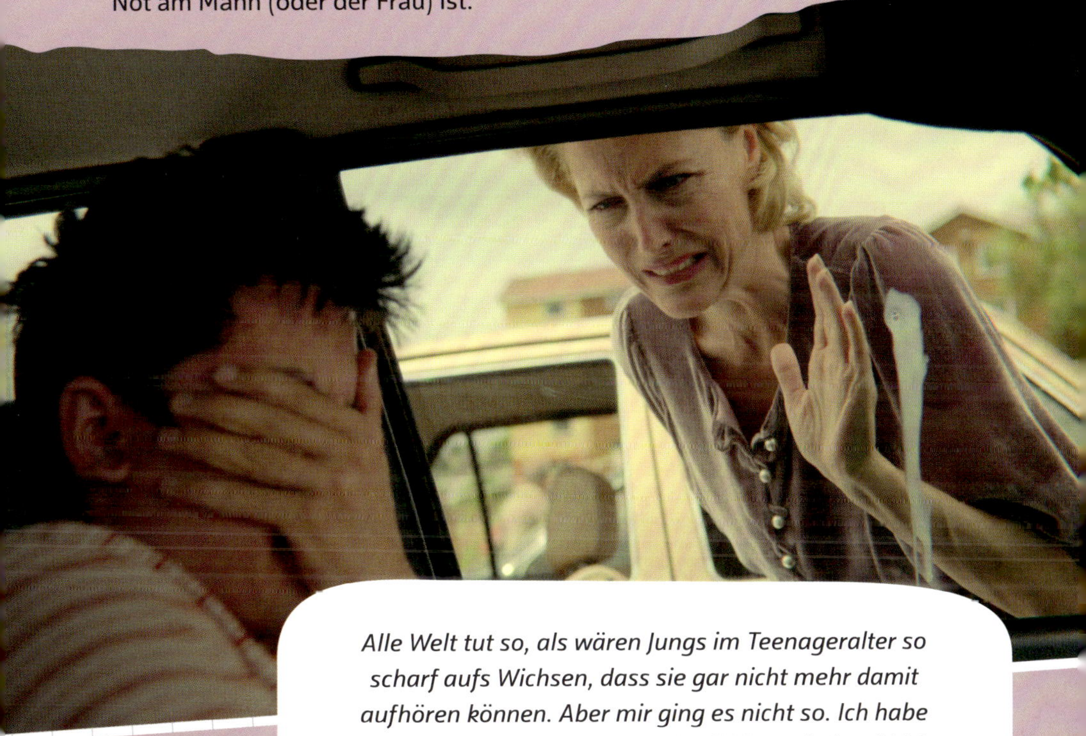

Alle Welt tut so, als wären Jungs im Teenageralter so scharf aufs Wichsen, dass sie gar nicht mehr damit aufhören können. Aber mir ging es nicht so. Ich habe mich dabei einfach nicht wohlgefühlt, und obwohl ich es versucht habe, konnte ich mich lange nicht dazu überwinden. Erst als ich aufgehört habe, mir deswegen Druck zu machen, hat es irgendwann geklappt. Und ja, zwischenzeitlich vielleicht sogar ein bisschen zu gut …

OTIS

DAS **ERSTE MAL**

Das erste Mal ist für jede*n anders, ganz egal, ob es das *allererste* Mal ist oder das erste Mal mit einem neuen Partner oder einer neuen Partnerin. Ein paar Dinge gilt es trotzdem zu beachten.

Manche Menschen planen ihr erstes Mal bereits Jahre im Voraus bis ins letzte Detail (Warnung: So viel Druck ist selten hilfreich!), bei anderen passiert es ganz spontan. Am Ende ist es gar nicht so wichtig, wie es dazu kommt, die Hauptsache ist, dass es sich für dich richtig anfühlt.

Wenn du dich unwohl fühlst oder sogar Schmerzen hast (das bezieht sich nicht nur auf das erste Mal), hör auf, mach eine Pause oder versuch es mit einem anderen Ansatz. Falls du eine Vagina hast und das Eindringen für dich schmerzhaft ist, bist du vielleicht noch nicht erregt genug. Wenn doch, kann etwas Gleitgel helfen. Sex sollte niemals wehtun.

Es wird sehr wahrscheinlich nicht so wie im Film oder Fernsehen. Jedenfalls noch nicht. Aber wie heißt es so schön: Übung macht den Meister!

Achtet unbedingt darauf zu verhüten. Auch beim ersten Mal kann man schon schwanger werden. Und falls eine*r von euch bereits mit einer anderen Person Sex hatte, besteht außerdem das Risiko, euch mit einer sexuell übertragbaren Krankheit anzustecken. Mehr zu diesen Themen erfährst du in den folgenden Kapiteln.

SEX IST **NICHT FÜR ALLE GLEICH**

Solange es sich für alle Beteiligten gut anfühlt, gibt es beim Sex kein Richtig oder Falsch. Wie bei allem im Leben gilt: Was dem einem gefällt, muss für den anderen deswegen nicht automatisch auch funktionieren.

Wichtig ist, dass du nicht nur auf deine eigenen Wünsche und Bedürfnisse achtest, sondern auch auf die deines Partners oder deiner Partnerin. Falls eine*r von euch eine Behinderung oder andere Einschränkungen hat, heißt das nicht, dass er/sie keinen Sex haben kann oder will. Unter Umständen müsst ihr eben ein bisschen kreativ werden und eine andere Lösung finden, wie ihr die Erfahrung beide genießen könnt. Euch fällt schon was ein!

Mir geht es wie anderen Leuten in meinem Alter auch – ich denke genauso oft an Sex. Menschen mit Behinderungen wird gerne unterstellt, dass sie kein Interesse an Sex haben, aber ich kann aus eigener Erfahrung sagen: Das ist nicht der Fall.

ISAAC

Egal, mit wem du am Ende in der Kiste landest, eines gilt immer: Guter Sex braucht Kommunikation und gegenseitigen Respekt. Falls du Fragen hast oder unsicher bist, wie eine bestimmte Technik funktioniert, trau dich, das offen anzusprechen. Nur wenn ihr darüber redet, könnt ihr sicher sein, dass ihr beide daran Spaß haben werdet.

Solltest du konkrete Fragen zu deinem Körper und möglichen Einschränkungen haben, kannst du dich damit auch an deinen Arzt wenden. Und vergiss nicht: Jede Form von sexuellem Kontakt birgt das Risiko, sich mit einer sexuell übertragbaren Krankheit anzustecken oder (in bestimmten Fällen) schwanger zu werden, also

benutz ein Gummi.

REIN INS **VERGNÜGEN**

Beim Sex sollte es in erster Linie um Spaß und Genuss gehen. Dafür muss dein*e Partner*in allerdings wissen, was dir gefällt und was nicht. Und das geht nur, wenn du mit ihr oder ihm darüber redest.

Das kann anfangs ein bisschen Überwindung kosten, aber mit etwas Zeit und Übung wird es dir irgendwann ganz natürlich vorkommen. Und das breite Grinsen, mit dem du hoffentlich bald durchs Spaßbad der Lüste treibst, ist es allemal wert.

Vergiss dabei aber auch deine Partnerin oder deinen Partner nicht. Frag nach, was sie/ihn scharfmacht, und probiert gemeinsam Dinge aus. Manchmal braucht es ein paar Anläufe, bis ihr es richtig hinbekommt, und garantiert geht ab und zu mal was schief, aber das gehört dazu und macht es doch irgendwie auch spannend. Es kann eine Weile dauern, den Körper der/des anderen kennenzulernen, aber es lohnt sich. Versprochen!

Zu gutem Sex gehört es auch, dass beide Partner*innen auf ihre Kosten kommen. Wenn nur eine*r von euch den ganzen Spaß hat, stimmt irgendwas nicht. Denk dran: Sex ist keine Einbahnstraße. Das bedeutet nicht, dass du unbedingt jedes Mal zum Orgasmus kommen musst. Wichtig ist vor allem, dass du die Erfahrung genießen kannst und dir nichts dabei fehlt. Aber so ein Orgasmus hin und wieder ist trotzdem ganz nett, achtet also darauf, dass ihr beide etwas davon habt.

Sex ist nicht immer perfekt. Es geht darum, sich gut zu fühlen, nicht gut auszusehen.
OTIS

DIE WELT DER **FANTASIE**

Das Lexikon der Psychologie definiert sexuelle Fantasien als **»Vorstellungsbilder, die die Sexualität betreffen, bei der Masturbation (Onanie) sowie andere sexuelle Praktiken eine große Rolle spielen«.**

In anderen Worten: schmutzige Gedanken und Eins-a-Wichsvorlagen.

Solche Fantasien sind völlig normal und können ausgesprochen angenehm sein, auch wenn der Inhalt manchmal ein wenig überraschen kann. Den einen Tag langweilst du dich zu Tode, während der seltsame Nerdkumpel deines Bruders lang und breit erklärt, dass sich die Kontinente mit etwa derselben Geschwindigkeit bewegen wie Fingernägel wachsen (echt wahr), und am nächsten Tag ertappst du dich plötzlich dabei, wie du ihn in Gedanken verführst.

Keine Panik, das hat nichts zu bedeuten. Es heißt nicht mal unbedingt, dass du auf ihn stehst. Aber verbotene Liebe ist sexy und du weißt haargenau, dein Bruder würde dich umbringen, wenn du seinen Kumpel auch nur schief ansiehst.

Sexuelle Fantasien drehen sich oft um Dinge, die man im wahren Leben nie tun würde (wobei: Sag niemals nie, richtig?). In Gedanken ist alles erlaubt, ob das nun abgedrehte Kostüme sind, Rollenspiele oder ganz was anderes. Gleichzeitig ermöglichen solche Fantasien dir herauszufinden, was dich antörnt und was nicht. Also nur keine Scheu. Wenn Otis wegen Käse eine Erektion kriegen kann, ist die Auswahl wirklich grenzenlos.

Jean zufolge gibt es Hunderte Fetische (Dinge, die dich anmachen), darunter auch zahlreiche, die dir vermutlich im Leben nicht in den Sinn gekommen wären. Wie zum Beispiel ...

Geister.

In Moordale sind alle möglichen Fantasien verbreitet. Mag sein, dass Eugenes Hang zu mittelalterlichen Hofdamen nicht ganz dein Ding ist, aber solange Viv daran Spaß hat ...
Alexa, spiel Minnegesang.

Nippel machen mich echt scharf.
VIV

Wenn die Fantasie jedoch alles andere überstrahlt oder eine*r von euch daran keine Freude findet, sprich mit deinem Partner oder deiner Partnerin darüber. Sag ihm/ihr, wie du dich dabei fühlst. Vielleicht entdeckt ihr ja etwas, das für euch beide funktioniert.

Anfangs fand ich es schön, Teil von Lilys Alien-Fantasie zu sein, aber irgendwann wollte ich auch mal Sex ohne Außerirdische. Es ist mir nicht leichtgefallen, ihr das zu sagen, weil ich sie nicht verletzen wollte. Aber meine Gefühle sind genauso wichtig wie ihre und wir sollten beide Spaß dabei haben.
OLA

Denk dran: Du musst nichts tun, was dir keinen Spaß macht oder sich nicht gut anfühlt. Zwing dich nicht zu etwas, nur um jemand anderem zu gefallen. Aber wenn du Lust hast, dich als sexy Geist zu verkleiden?

Nur zuuuuuuuuu!

FRAG JEAN: **FÜNF TOLLE TIPPS FÜR TEENAGER**

1 **Mach's dir in der Dusche.**
Das ist der perfekte Ort für ein wenig Liebe mit dir selbst. Vergiss nur nicht, hinterher sauber zu machen.

Ich hatte gestern eine Erektion wegen Käse.
OTIS

2 Versuch's mit Trockensex.

Nein, ich will dich nicht verscheißern. Es kann sehr sexy sein, nur so zu tun, als würde man es tun.

3 Sag, was dir gefällt.

Dein*e Partner*in kann nicht hellsehen. Wenn du Befriedigung willst, musst du ihm/ihr schon sagen, was du dafür brauchst.

4 Mach dir keine Sorgen, wenn Sex oder Vorspiel nicht jedes Mal umwerfend sind.

So was ist extrem stimmungsabhängig. Vielleicht bist du nicht gut drauf oder dein*e Partner*in hatte einen harten Tag. Sex muss nicht immer wild und umwerfend sein. Mach dich nicht verrückt, wenn er mal nur mittelmäßig ist.

5 Verhüte. Immer.

Gib Geschlechtskrankheiten keine Chance.

6

WILLKOMMEN IN DER WELT DER VERHÜTUNG

Sofern du nicht gerade vorhast, eine Familie zu gründen, solltest du lieber so viel über Verhütung wissen wie möglich. Mit Verhütung sind die verschiedenen Methoden gemeint, wie du eine ungewollte Schwangerschaft verhindern und eine Ansteckung mit einer sexuell übertragbaren Krankheit vermeiden kannst. Mehr zu Letzterem im folgenden Kapitel.

Damit das klar ist: Es gibt keine Ausrede für ungeschützten Sex. Ob Kondom oder Spirale – die Auswahl an Verhütungsmitteln ist gigantisch, da ist für jede*n was dabei. Finde heraus, was für dich am besten funktioniert, und achte darauf, dass du es richtig anwendest.

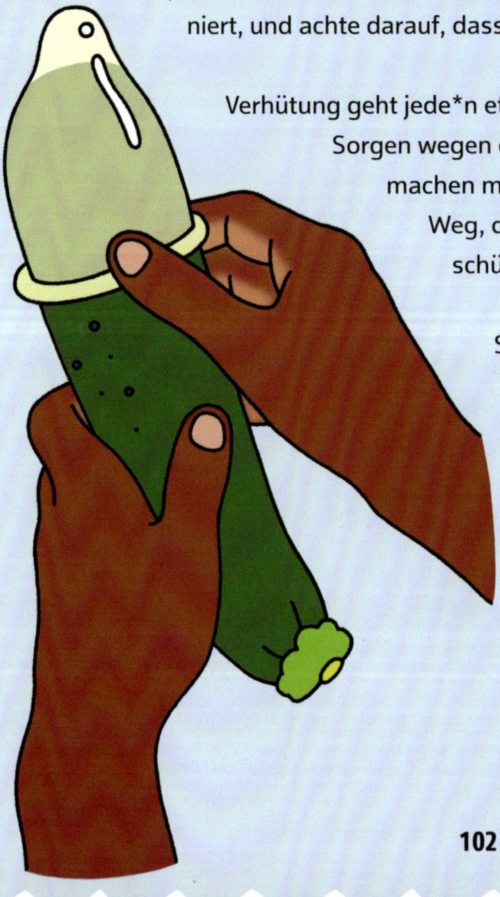

Verhütung geht jede*n etwas an. Selbst wenn du dir keine Sorgen wegen einer ungewollten Schwangerschaft machen musst, ist Safer Sex der einzige Weg, dich vor Geschlechtskrankheiten zu schützen.

So wichtig geschützter Sex auch ist, gibt es noch andere Dinge, die du beachten solltest. Im vorangehenden Kapitel erfährst du alles über gegenseitiges Einverständnis und gesetzliche Altersgrenzen.

DAS ALLMÄCHTIGE **KONDOM**

In grauer Vorzeit (will heißen: bis Mitte des zwanzigsten Jahrhunderts) waren die Möglichkeiten zur Verhütung stark eingeschränkt. Es gab:

Traditionell fiel die Aufgabe, Kondome zu besorgen, dem Mann zu. Allerdings konnte man lange Zeit nicht einfach in den nächsten Supermarkt gehen und etwas aussuchen, das der jeweiligen Stimmung und körperlichen Beschaffenheit entsprach. Die Auswahl lautete: Nimm, was da ist, oder lass es.

Für gewöhnlich wandte man sich mit einem derartigen Anliegen an seinen Apotheker, der einem die kostbaren Lümmeltüten in einer Art Geheimsprache anbot: »Eine Kleinigkeit fürs Wochenende, der Herr?« Daraufhin drückte man ihm das nötige Kleingeld in die Hand und verließ den Laden schwitzend und mit hochrotem Kopf, während man seinen Einkauf verstohlen in der Innentasche seines Jacketts verbarg. (Oder lief das nur in den alten Schwarz-Weiß-Filmen so?)

Solange es für den penistragenden Teil der Gesellschaft keine hormonellen Verhütungsmittel gibt, sind und bleiben Kondome die beste Wahl. Gleichzeitig sind sie der wirksamste Schutz vor sexuell übertragbaren Krankheiten, daher solltest du eigentlich immer welche zur Hand haben.

Und immerhin gibt es heutzutage jede Menge Auswahl:

LATEX

Latex ist das am häufigsten verwendete Material für Kondome. Es ist strapazierfähig, wasserdicht und dehnbar. Allerdings kann es in seltenen Fällen allergische Reaktionen hervorrufen, daher gibt es Kondome auch ...

LATEXFREI

Latexfreie Kondome bestehen meistens aus Polyurethan. Manche Leute schwören darauf, weil sie finden, dass sie sich angenehmer auf der Haut anfühlen. Falls du also mal was anderes ausprobieren möchtest – wie wär's damit?

GERIPPT, GENOPPT ETC.

Wie der Name schon sagt, gibt es Kondome mit gerippter, genoppter oder anderweitig strukturierter Oberfläche. Manche haben sogar kleine Stacheln (aber zum Glück nur aus Gummi, keine echten). Dies soll ein wenig Abwechslung von der glatten Standardausführung bieten.

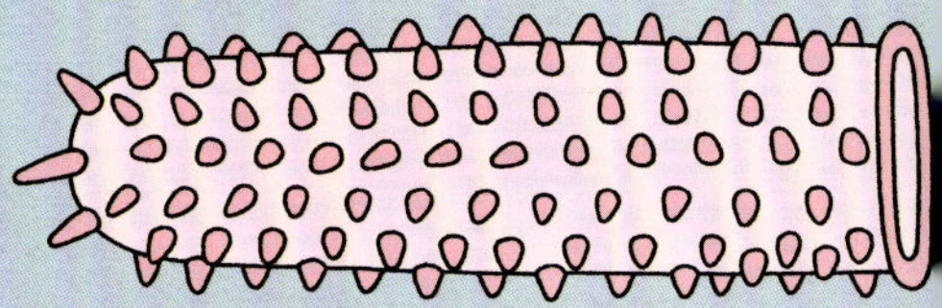

MIT GESCHMACK

Kondome mit Geschmack erfreuen sich wachsender Beliebtheit. Sie sind vor allem bei Oralverkehr eine angenehme Alternative. Wirf aber lieber einen Blick auf die Inhaltsstoffe, bevor du eins überstreifst. Manche Leute können allergisch darauf reagieren.

Mir wird immer noch schlecht, wenn ich daran denke, wie ich aussah, als ich allergisch auf das Kondom mit Erdbeergeschmack reagiert habe, das Nick und ich benutzt haben. Mein Gesicht ist dermaßen angeschwollen, dass ich locker selbst als Erdbeere hätte durchgehen können. O-ber-pein-lich.

ANWAR

PROFITIPP: Selbst wenn keine*r von euch mit Allergien zu kämpfen hat, lest euch trotzdem die Liste mit den Inhaltsstoffen durch. Bei Kondomen mit Geschmack kann die Aromaschicht Zuckerzusätze enthalten, die das Scheidenmilieu durcheinanderbringen und eine juckende Pilzinfektion verursachen können. Autsch. Wenn ihr nicht sicher seid, verwendet solche Kondome lieber nur für den Oralverkehr.

EXTRAFEUCHT

Generell verfügen alle Kondome über eine äußere Gleitschicht, um ein leichteres Eindringen zu ermöglichen. Extrafeuchte Kondome sind mit einer zusätzlichen Gleitschicht versehen, die den Einsatz von weiteren Gleitmitteln überflüssig macht.

WAS IST GLEITGEL?

Gleitgel ist ein spezielles Gel, das das Eindringen beim Anal- oder Vaginalverkehr erleichtert und schmerzhafte Reibung verringert. Achtet beim Vaginalsex unbedingt auf spezielle pH-neutrale Gleitgels oder -cremes. In Kombination mit Kondomen solltet ihr immer auf wasser- oder silikonbasierte Gleitmittel achten. Öl- und fetthaltige Produkte können die Oberfläche der Kondome angreifen und durchlässig machen, wodurch ihre Schutzwirkung nicht mehr gewährleistet ist.

HINWEIS: Falls es dir schwerfällt, dich bei dieser riesigen Auswahl für das passende Kondom zu entscheiden – keine Angst, du bist nicht allein! Viele Kondomhersteller bieten praktische Online-Fragebögen an, die dir helfen, den perfekten Überzieher für dich zu finden. (Okay, ja, Überzieher ist echt ein schreckliches Wort dafür.)

Apropos überziehen: Bleibt noch die Frage, wie das Kondom eigentlich dorthin kommt, wo es hingehört. Ganz einfach:

1
Überprüfe das Haltbarkeitsdatum.

2
Setz das Kondom auf den erigierten Penis. Ist er unbeschnitten, zieh zuerst die Vorhaut zurück.

3
Kneif die Spitze zusammen, damit keine Luft daruntersitzt. Andernfalls kann es beim Sex leicht reißen. Das ist einer der Hauptgründe für Kondomversagen.

4
Roll das Kondom nach unten hin ab, sodass es den gesamten Penisschaft bedeckt.

5
Wenn du den Penis nach dem Sex rausziehst, halte das Kondom dabei fest, damit es nicht versehentlich abrutscht.

6
Nimm das Kondom vorsichtig ab und entsorge es im Mülleimer. (Am besten wickelst du es vorher in ein Taschentuch.)

Regel Nummer eins: Enthusiasmus ist wichtiger als Technik.

ERIC

Denk dran: Kondome sind keine reine Männersache. Wenn du eine Gebärmutter hast und bereits eine andere Form der Schwangerschaftsverhütung praktizierst, solltet ihr trotzdem ein Kondom benutzen. Nur so seid ihr beide vor sexuell übertragbaren Krankheiten geschützt.

SO VIEL **AUSWAHL**

Wenn es um Verhütungsmethoden für Menschen mit weiblichen Fortpflanzungsorganen geht, kann leicht der Eindruck entstehen, dass die Auswahl nahezu unbegrenzt ist. Du solltest jedoch nicht vergessen, dass bis auf das Femidom (siehe S. 113) keine dieser Methoden vor sexuell übertragbaren Krankheiten schützt. Solange du und dein*e Partner*in also nicht zweifelsfrei sicher seid, dass ihr einander nicht anstecken könnt, gilt: Doppelt gemoppelt hält besser!

DIE ANTIBABYPILLE

Die Antibabypille enthält künstliche Varianten von Östrogenen und Gestagenen. Meist wird sie einfach »die Pille« genannt. Sie funktioniert, indem sie den Eisprung verhindert, und sorgt außerdem dafür, dass sich in der Gebärmutterschleimhaut keine Eizelle einnisten kann, falls doch mal eine durchrutscht.

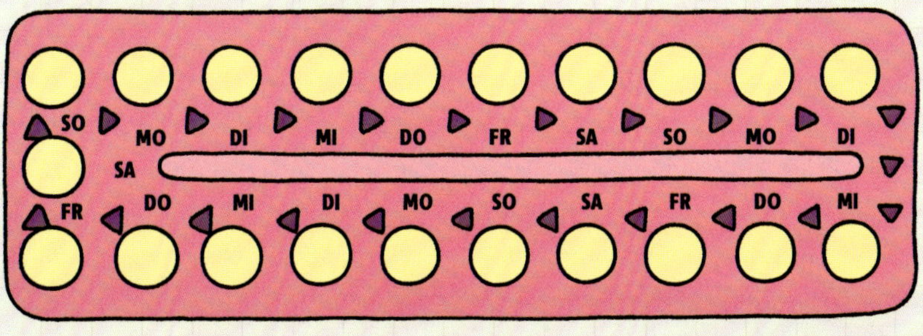

Die Einnahme sollte möglichst jeden Tag zur selben Zeit erfolgen. Ein Blisterstreifen reicht meistens für einundzwanzig Tage, danach werden in der Regel sieben Tage Pause eingelegt. In dieser Zeit kommt es dann üblicherweise zur Monatsblutung*. Bei korrekter Anwendung erreicht die Pille eine Wirksamkeit von neunundneunzig Prozent – kein Wunder also, dass sie eines der beliebtesten Verhütungsmittel ist.

Wenn du dich übergeben musst, Durchfall hast oder die Einnahme vergessen hast, steigt das Risiko einer ungewollten Schwangerschaft allerdings deutlich. Zudem kann sie einige Nebenwirkungen haben, darunter ein schmerzhaftes Spannungsgefühl in den Brüsten, Übelkeit, Stimmungsschwankungen oder Kopfschmerzen. Meist legen sich diese Symptome aber mit der Zeit.

Die Pille gibt es in verschiedenen Ausführungen. Besprich mit deinem Frauenarzt oder deiner Frauenärztin, welche sich am besten für dich eignet.

* Genau genommen handelt es sich um die sogenannte Entzugs- oder Abbruchblutung, was nicht ganz das Gleiche ist. Der Verständlichkeit halber bleiben wir im Folgenden aber bei Monatsblutung.

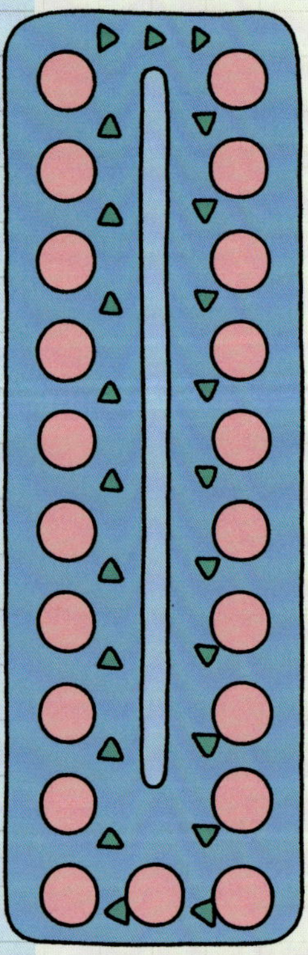

DIE MINIPILLE

Die Minipille heißt nicht etwa so, weil sie kleiner ist als die »normale« Pille, sondern weil sie lediglich ein Hormon enthält statt zwei. Sie verändert die Konsistenz des Schleimpfropfs im Gebärmutterhals, sodass keine Spermien hindurchdringen, und verhindert zudem das Einnisten der Eizelle in der Gebärmutterschleimhaut, je nach Produkt auch den Eisprung.

Sie muss ebenfalls jeden Tag zur selben Zeit eingenommen werden und kann durch Erbrechen, Durchfall oder vergessene Einnahme einen Teil ihrer Wirkung verlieren. Im Gegensatz zur »normalen« Pille wird sie ohne Pause durchgenommen.

Zu den häufigsten Nebenwirkungen gehören unreine Haut und empfindliche Brüste, was sich jedoch nach ein paar Monaten legen sollte. Zudem kann die Monatsblutung leichter und unregelmäßiger auftreten, ganz ausbleiben oder es kann gelegentlich zu Zwischenblutungen kommen.

DIAPHRAGMA ODER SCHEIDENPESSAR

Ein Diaphragma, auch Scheidenpessar genannt, ist ein halbkugelförmiger Aufsatz aus weichem Silikon, der vor dem Sex so in die Vagina eingeführt wird, dass er den Muttermund bedeckt. Das Diaphragma gehört zu den mechanischen Verhütungsmitteln.

Du bekommst es bei deinem Frauenarzt oder deiner Frauenärztin, wo du zunächst untersucht wirst, um die passende Größe für dich zu finden.

Richtig eingesetzt, verhindert das Diaphragma, dass die Spermien durch den Muttermund in die Gebärmutter gelangen. Es wird zusammen mit einem dazugehörenden Verhütungsgel (das auch eine Creme sein kann) verwendet, dessen chemische Zusammensetzung dafür sorgt, dass die Spermien bewegungsunfähig werden oder absterben. Nach dem Sex muss es noch mindestens sechs bis acht Stunden drinbleiben. Bei korrekter Anwendung liegt die Wirksamkeit zwischen zweiundneunzig und fünfundneunzig Prozent. Allerdings ist das Einsetzen meist eine ziemlich fummelige Angelegenheit, daher ist das nicht für jede was. Zudem solltest du es während der Periode nicht benutzen. Wenn du künstliche Hormonpräparate nicht gut verträgst, ist ein Diaphragma aber eine gute Alternative.

DIE DREIMONATSSPRITZE

Die Dreimonatsspritze enthält ein Gestagen und wirkt ähnlich wie die Antibabypille. Ihre Wirksamkeit liegt bei über neunundneunzig Prozent und kann je nach Hersteller zwischen acht und dreizehn Wochen anhalten. Einen Wirkungsverlust durch Erbrechen oder Durchfall gibt es nicht.

Zu den möglichen Nebenwirkungen gehören Kopfschmerzen, Stimmungsschwankungen, Gewichtszunahme, empfindliche Brüste und unregelmäßige Monatsblutungen. Zudem muss sie regelmäßig aufgefrischt werden, um ihre Wirkung nicht zu verlieren.

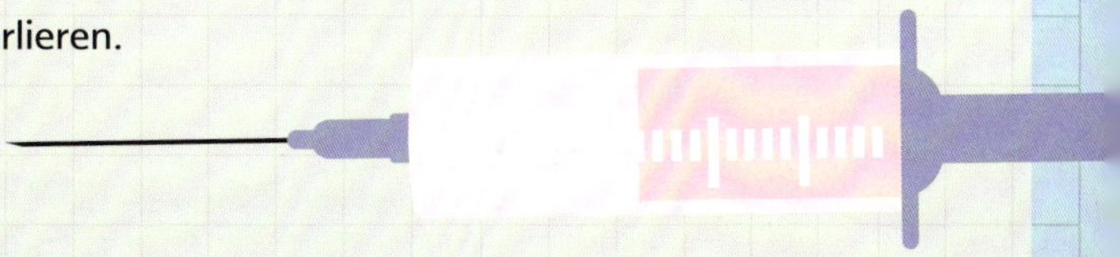

DAS HORMONIMPLANTAT

Das Hormonimplantat ist ein kleines, biegsames Kunststoffstäbchen, das in den Oberarm eingesetzt wird. Dieses kleine Wunderding gibt über einen Zeitraum von bis zu drei Jahren gleichmäßig geringe Mengen eines Gestagens ins Blut ab. Das Einsetzen klingt vielleicht schmerzhaft, ist jedoch eine Sache von wenigen Sekunden. Danach kann sich der Arm ein bisschen wund anfühlen, aber meistens nicht schlimmer als ein kleiner Bluterguss. Die Wirksamkeit liegt bei über neunundneunzig Prozent.

Das Hormonstäbchen eignet sich für alle, die öfter mal vergessen, ihre Pille rechtzeitig einzunehmen. Es hat den Vorteil, dass es bei Unverträglichkeit leicht wieder entfernt werden kann. Zu den Nebenwirkungen gehören unregelmäßige, leichtere, längere oder stärkere Monatsblutungen. Eine Wirkungsbeeinträchtigung durch Erbrechen oder Durchfall gibt es nicht.

DAS VERHÜTUNGSPFLASTER

Das Verhütungspflaster ist ein kleines Pflaster, das über die Haut Hormone abgibt. Es wirkt ähnlich wie das Hormonimplantat, nur trägst du es auf der Haut statt darunter.

Das Pflaster wird wöchentlich ausgetauscht. Nach drei Wochen legst du eine einwöchige Pause ein, während der deine Monatsblutung stattfindet.

Es hält gut genug, dass du damit auch duschen, baden oder schwimmen gehen kannst, und erreicht bei korrekter Anwendung eine Wirksamkeit von über neunundneunzig Prozent, die auch durch Durchfall oder Erbrechen nicht beeinträchtigt wird.

DIE HORMONSPIRALE

Die Hormonspirale ist ein kleiner T-förmiger Kunststoffgegenstand, der in die Gebärmutter eingesetzt wird und dort ein Hormon aus der Gruppe der Gestagene abgibt. Je nach Hersteller kann die Wirkung drei bis fünf Jahre anhalten, bei einer Wirksamkeit von über neunundneunzig Prozent. Das macht sie zu einer guten Alternative für alle, die die Pille nicht gut vertragen.

Das Einsetzen erfolgt durch den Frauenarzt oder die Frauenärztin und kann recht unangenehm sein. Zudem kann es in einigen Fällen zu Infektionen kommen, daher solltest du vorher mit deinem Arzt oder deiner Ärztin abklären, ob die Methode für dich geeignet ist.

Mögliche Nebenwirkungen sind Stimmungsschwankungen, Akne und empfindliche Brüste. Dafür – und jetzt kommt's – fällt deine Monatsblutung kürzer und schwächer aus oder bleibt manchmal auch ganz weg.

Halleluja!

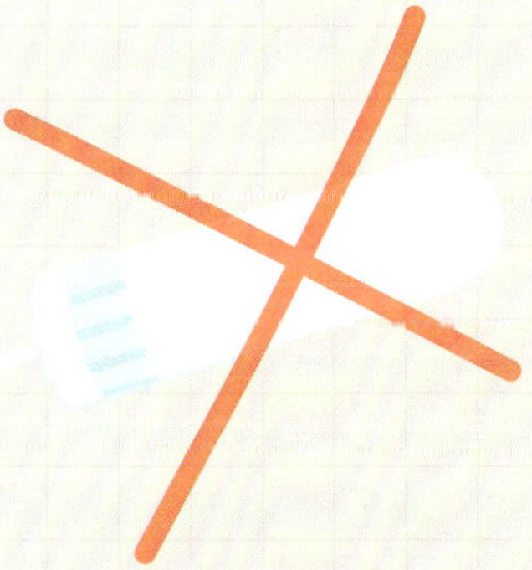

War auch nicht gerade lustig, dich aus mir rauszupressen.

JEAN

DIE KUPFERSPIRALE

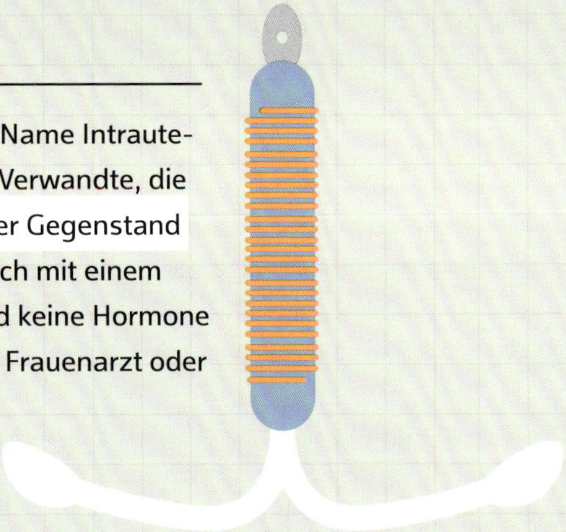

Die Kupferspirale, deren »richtiger« Name Intrauterinpessar lautet, ist ähnlich wie ihre Verwandte, die Hormonspirale, ein kleiner T-förmiger Gegenstand aus Kunststoff, nur dass sie zusätzlich mit einem feinen Kupferdraht umwickelt ist und keine Hormone abgibt. Sie wird ebenfalls durch den Frauenarzt oder die Frauenärztin in die Gebärmutter eingesetzt. Ihre Wirksamkeit liegt bei über neunundneunzig Prozent und hält je nach Ausführung zwischen drei und zehn Jahre an.

Generell ist sie eher für ältere Frauen geeignet, allerdings bietet sie eine gute Alternative für Menschen, die keine künstlichen Hormone vertragen. Mögliche Nebenwirkungen sind längere, stärkere und schmerzhafte Monatsblutungen im ersten halben Jahr nach dem Einsetzen. Zudem besteht ein gewisses, wenn auch geringes Risiko, dass die Spirale abgestoßen wird oder verrutscht. In dem Fall kann eine weitere Untersuchung und eventuelle Korrektur nötig werden.

DER VAGINALRING

Der Vaginalring ist ein Ring aus weichem Kunststoff, der wie ein Tampon in die Vagina eingesetzt wird und dort geringe Mengen an Östrogen und Gestagen freigibt.

Der Ring wird ähnlich wie die Antibabypille einundzwanzig Tage getragen und dann für sieben Tage rausgenommen, während denen die Monatsblutung stattfindet. Anschließend setzt du einen neuen Ring ein. Über den gesamten Monat hinweg liegt die Wirksamkeit bei über neunundneunzig Prozent und wird auch nicht durch Erbrechen oder Durchfall beeinträchtigt.

Das Gute ist: Falls du an PMS leidest, kann der Ring die Symptome lindern. Zudem wird deine Monatsblutung schwächer und weniger schmerzhaft. Allerdings kann es vorübergehend auch zu Nebenwirkungen kommen, darunter vermehrter Ausfluss, Kopfschmerzen und empfindliche Brüste.

DAS FEMIDOM

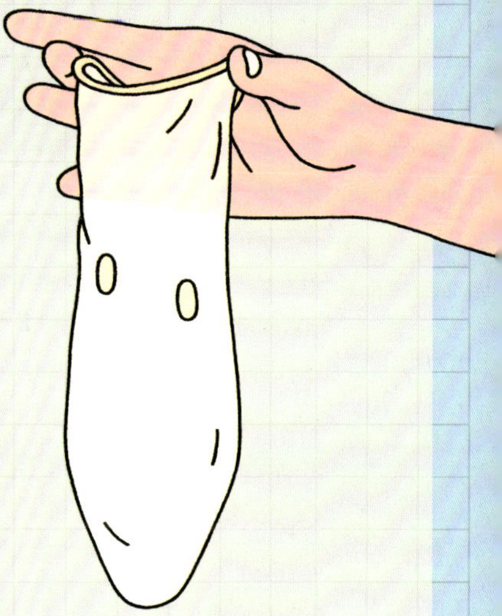

Das Femidom zählt zu den mechanischen Verhütungsmitteln. Es ist ein länglicher Schlauch aus weichem, dünnem Latex oder Kunststoff und wird daher auch »Kondom für die Frau« genannt. Das Femidom wird in die Vagina eingeführt und hält die Spermien so davon ab, in die Gebärmutter zu gelangen. Bei korrekter Anwendung liegt seine Wirksamkeit bei fünfundneunzig Prozent und darüber hinaus – Trommelwirbel – schützt es vor sexuell übertragbaren Krankheiten!

DIE PILLE DANACH

ACHTUNG: Die Pille danach ist kein Verhütungsmittel im eigentlichen Sinne und sollte nur im Notfall verwendet werden, zum Beispiel, wenn euch das Kondom gerissen ist oder du vergessen hast, die Pille einzunehmen.

In Deutschland ist die Pille danach rezeptfrei in der Apotheke zu erhalten. (Falls du unter achtzehn bist, kann es unter Umständen jedoch sein, dass du die Zustimmung deiner Eltern benötigst.)
Sie wirkt, indem sie den Eisprung aufhält oder verzögert. Je nach Hersteller kannst du sie bis zu fünf Tage, nachdem du ungeschützten Sex hattest, einnehmen. Aber je früher, desto besser.

Menschenjungs sind so fragil.
LILY

Die Pille danach kann Kopfschmerzen, Unterleibsschmerzen und Übelkeit verursachen. Wenn du dich kurz nach der Einnahme (für gewöhnlich innerhalb der ersten zwei oder drei Stunden) übergibst, brauchst du eine neue, denn dann ist die Wirksamkeit nicht mehr gewährleistet.

Die Pille danach bietet keinen weiteren Schutz, nachdem du sie genommen hast. Wenn du nach der Einnahme Sex hast, solltest du also auf andere Weise verhüten.

Nachdem Otis und ich das erste Mal Sex hatten, konnten wir das Kondom nicht finden. Der volle Albtraum. Otis ist ein netter Typ und ist mitgekommen, als ich mir die Pille danach besorgt habe. Er hat sogar angeboten, mich zu unterstützen, falls ich unser Baby behalten wollte. Was für eine Vorstellung! Ich trag bestimmt nicht seine blassen, viel zu schlaksigen Kinder aus.

RUBY

NATÜRLICHE FAMILIENPLANUNG (NFP)

Die Methode der sogenannten natürlichen Familienplanung ist relativ riskant, soll der Vollständigkeit halber aber trotzdem erwähnt werden.

Damit sie funktioniert, musst du deinen Monatszyklus sehr genau beobachten, damit du weißt, wann deine fruchtbaren Tage sind. In dieser Zeit solltest du zusätzlich mit Kondomen oder einem Diaphragma verhüten.

Da der weibliche Zyklus jedoch oft Schwankungen unterliegt (Stress oder Krankheit können Faktoren sein und manchmal ist er einfach von Natur aus unregelmäßig), ist diese Methode alles andere als sicher und daher nicht zu empfehlen.

COITUS INTERRUPTUS

Diese Methode besteht im Grunde darin, dass der Penis vor der Ejakulation aus der Vagina gezogen wird. Das Problem daran ist, dass es auch noch das Präejakulat, den sogenannten »Lusttropfen« gibt. Das tritt bereits vorher aus und kann ebenfalls Spermien enthalten. Zur Schwangerschaftsverhütung ist diese Methode also nicht geeignet. Auf keinen Fall ausprobieren!

Benutzt ein Kondom.

DU HAST **DIE WAHL**

Wenn du ein Verhütungsmittel ausprobierst und merkst, dass es für dich nicht richtig funktioniert, sprich mit deiner Frauenärztin oder deinem Frauenarzt. Manchmal verträgt dein Körper etwas nicht gut oder du fühlst dich einfach nicht wohl damit. Das ist nicht schlimm, denn wie du sehen kannst, gibt es jede Menge Alternativen.

Gerade bei Hormonen kann es passieren, dass die eine Person sie bestens verträgt, während die andere sich vor Nebenwirkungen kaum retten kann. Bei diesen Präparaten kann es also ein bisschen dauern, bis du das für dich passende gefunden hast.

Lass dich von niemandem unter Druck setzen, eine bestimmte Verhütungsmethode zu verwenden – oder auch nicht zu verwenden. Es ist dein Körper und damit auch deine Entscheidung. Du musst dich damit wohlfühlen.

WENN DU DICH NICHT AUSREICHEND **GESCHÜTZT** FÜHLST, **HAB KEINEN SEX.** PUNKT.

> Ich gehöre den kurzen, vergänglichen Augenblicken heftigster Empfindung. Jawohl, ich gehöre den Augenblicken. Nicht den Menschen.
>
> **VIRGINIA WOOLF, A PASSIONATE APPRENTICE: THE EARLY JOURNALS 1897–1909**

DAS GEHEIME TAGEBUCH VON **MAEVE WILEY**

Falls du das hier liest: Finger weg oder ich **MACH** dich fertig.

FEMINIST*IN: Person, die für die gesellschaftliche, politische und wirtschaftliche Gleichberechtigung der Frauen kämpft.

WAS IST FEMINISMUS? Für mich bedeutet Feminismus, für meine Überzeugungen einzustehen, unabhängig zu sein und mich für gleiche Rechte für alle einzusetzen. Letzten Endes sind wohl alle Frauen in irgendeiner Form Feministinnen, denn ich kann mir nicht vorstellen, dass auch nur eine von uns denkt: »Ist es nicht toll, dass Männer für die gleiche Arbeit mehr Geld kriegen als Frauen?« Falls doch, hat diejenige echt ’ne Schraube locker.

Bin ich eine schlechte Feministin, wenn ich es schön finde, wenn ein Typ nett zu mir ist und sich für mich ins Zeug legt? Bin ich schwach, weil ich gerne das Gefühl habe, geliebt zu werden? Wollen nicht alle Menschen geliebt werden?

Solange ich mir treu bleibe und mir von niemandem vorschreiben lasse, was ich tun soll (so weit kommt’s noch), spricht nichts dagegen, mich auch mal verwöhnen zu lassen. Das habe ich verdient.

> *Von Kindesbeinen an lernen sie, dass Schönheit das Zepter der Frau ist, und so formt sich ihr Geist nach dem Körper, flattert in seinem goldenen Käfig umher und kennt kein anderes Ziel als das, sein Gefängnis herauszuputzen.*
>
> **MARY WOLLSTONECRAFT, DIE VERTEIDIGUNG DER FRAUENRECHTE**

> *Ich verdiene stets die beste Behandlung, denn eine andere lasse ich mir nicht bieten.*
>
> **EMMA WOODHOUSE in: JANE AUSTEN, EMMA**

Liebe ist Haben. Begierde ist Wollen. Und man kann nur das wollen, was man nicht bereits hat.

EMILY NAGOSKI, KOMM, WIE DU WILLST: DAS NEUE FRAUEN-SEX-BUCH

So ein Idiot meinte letztens, ich sei eine »Kampffeministin«. Warum dürfen Männer eine Meinung haben, aber wenn Frauen dasselbe tun, gelten sie gleich als aggressiv? Und Feministin zu sein, ist ja sowieso ganz schlimm. Durch diese negative Darstellung versucht das Patriarchat lediglich, Frauen kleinzuhalten und sie daran zu hindern, für ihre Bedürfnisse einzustehen. Ich lasse mich nicht von irgendwelchen beschränkten Vollpfosten in eine Schublade stecken. Ich fordere Gleichberechtigung, und das aus vollem Hals.

Neulich hat mich Steve gefragt, ob Männer auch Feministen sein können. **NA KLAR!** Eines der Dinge, die ich an Otis mag, ist, wie sehr er Frauen respektiert und dass er niemals auf die Idee kommen würde, er sei »was Besseres«, nur weil er ein Kerl ist. Ich schätze, das hat er von seiner starken und selbstbewussten Mutter Jean.

Meine Mutter hatte kein leichtes Leben und hat einige falsche Entscheidungen getroffen. Dadurch musste ich schon früh lernen, auf eigenen Füßen zu stehen, aber das hat mich zu der Person gemacht, die ich bin. Und ich mag diese Person. Ich brauche keine anderen Menschen, um klarzukommen. Das habe ich von Virginia Woolf gelernt und dafür bin ich ihr bis heute dankbar.

Und natürlich wissen Männer über alles am besten Bescheid, außer über jene Dinge, die Frauen besser wissen.

CELIA in: GEORGE ELIOT, MIDDLEMARCH

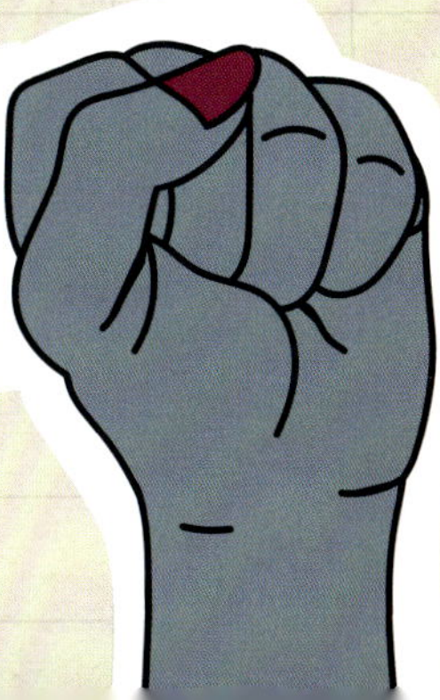

7 ALLES ÜBER SEXUELL ÜBERTRAGBARE KRANKHEITEN

Sexuell übertragbare Krankheiten sind so ziemlich die fiesesten Geschenke, die man einander machen kann. Ein paar sind ziemlich gut bekannt, von anderen hast du vermutlich noch nie zuvor gehört. Schnall dich an, jetzt wird's unangenehm.

FAKTEN, FAKTEN, FAKTEN **(UNSCHÖN, ABER WAHR)**

Im Deutschen kursieren mehrere Bezeichnungen für die hässlichen Begleiterscheinungen des Sex: sexuell übertragbare Infektion (STI), sexuell übertragbare Krankheit (STD) und Geschlechtskrankheit. Aber was ist der Unterschied?

- **STI** bezieht sich auf die Infektion. Du kannst ansteckend sein, auch wenn du keine Symptome hast.
- **STD** ist eine sexuell übertragbare Krankheit. In vielen Fällen entsteht eine STD aus einer vorangegangenen STI.

»Geschlechtskrankheit« ist einfach nur ein anderer, etwas veralteter Name dafür. Im Allgemeinen werden alle drei Bezeichnungen mehr oder weniger gleichwertig verwendet. **STI** oder **STD** hat den Vorteil, dass darin die Betonung stärker auf den Aspekt der sexuellen Übertragbarkeit gelenkt wird. In diesem Buch wird hauptsächlich der Ausdruck »sexuell übertragbare Krankheit« verwendet, weil er für sich genommen am verständlichsten ist.

BAKTERIELLE INFEKTIONEN sind meist heilbar, bei Virusinfektionen ist dies oft nicht der Fall. Wenn du schon mal eine bakterielle Infektion überstanden hast, heißt das allerdings nicht, dass du nun immun bist. Du kannst dich im Lauf deines Lebens auch mehrmals anstecken.

Sexuell übertragbare Infektionen und Krankheiten werden durch oralen, analen oder vaginalen Sex ohne Kondom weitergegeben. Dies kann auch passieren, wenn zwei Personen dasselbe Sexspielzeug verwenden. Schätzungen zufolge stecken sich über eine Million Menschen *am Tag* mit einer sexuell übertragbaren Krankheit an.

Wird eine solche Krankheit nicht behandelt, kann sie auf Dauer zu so unschönen Dingen wie Unfruchtbarkeit, Leberschäden oder gar zum Tod führen. Da viele Menschen nicht gleich Symptome zeigen, können sie die Krankheit leicht unwissentlich an mögliche Sexualpartner*innen weitergeben. Deswegen ist es wichtig, dich regelmäßig durch Ärzt*innen für Frauenheilkunde oder für Haut- und Geschlechtskrankheiten untersuchen bzw. testen zu lassen – und zwar *ganz besonders,* wenn du den Verdacht hast, dass du mit jemandem Sex hattest, der infiziert sein könnte.

Es ist absolut keine Schande, zum Arzt zu gehen, wenn du glaubst, du könntest dich angesteckt haben. Die meisten Ärzt*innen haben tagtäglich damit zu tun, für sie ist das Teil ihres Berufs. Wichtig ist, dass du möglichst offen und ehrlich bist, denn so können sie dir am besten helfen.

DIE GENITAL**GANOVEN**

SYPHILIS

Die Syphilis ist so etwas wie der King unter den sexuell übertragbaren Krankheiten und soll nicht wenige historische Berühmtheiten auf dem Gewissen haben. (Darunter angeblich auch den notorischen Schürzenjäger und Hinrichtungsfan Heinrich VIII.)

Syphilis ist eine bakterielle Infektion und glücklicherweise ziemlich selten. Obwohl es seit einiger Zeit wieder zunehmend Fälle gibt, liegt die Zahl der Neuinfektionen in Deutschland weiter in einem niedrigen Bereich. Ein Segen, denn die Symptome haben es in sich:

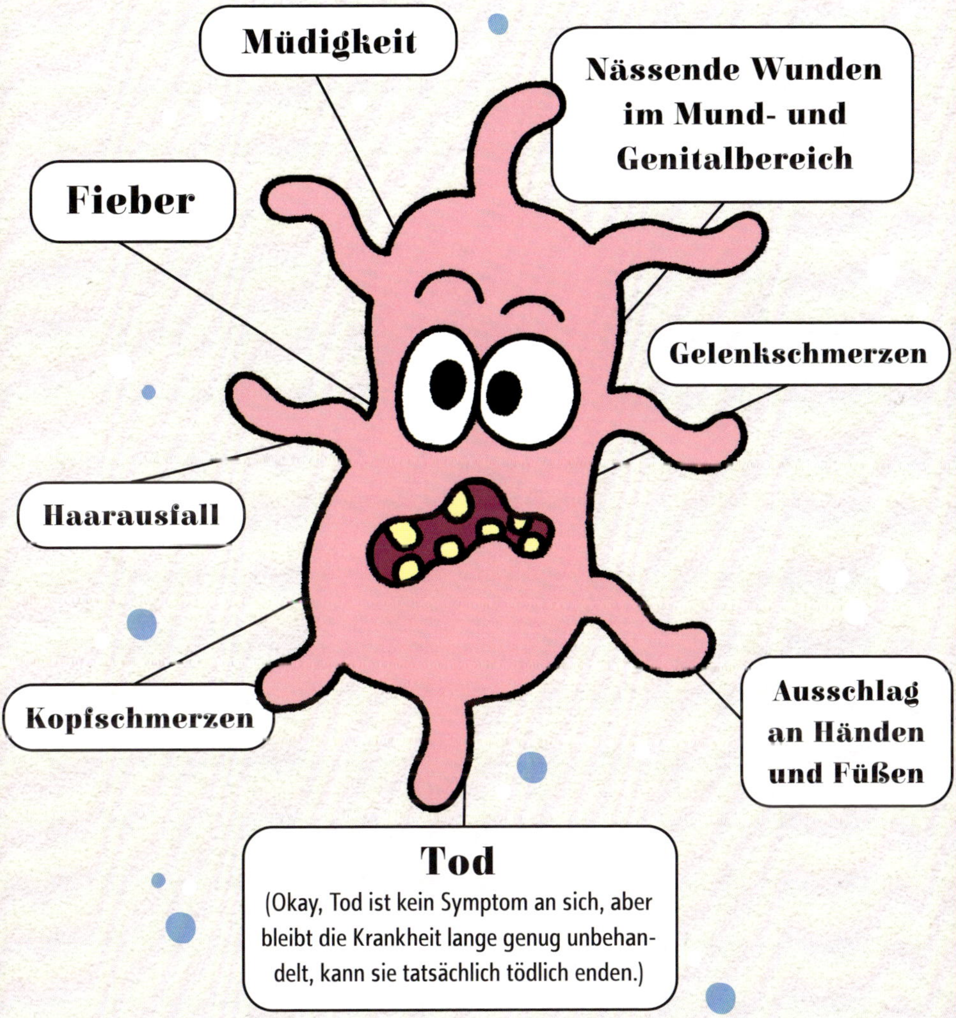

Die Behandlung erfolgt durch Antibiotika, und zwar je früher, desto besser (siehe oben).

CHLAMYDIEN

Als es an der Moordale zum Chlamydienausbruch kam, war der Run auf Gesichtsmasken so groß, dass es sich fast um einen Testlauf für Corona hätte handeln können. (Nicht witzig? Sorry!) Tatsächlich lassen sich die kleinen Biester nur durch sexuellen Kontakt übertragen.

*Nicht zu fassen, wie die Leute durchgedreht sind, als bei einigen Schüler*innen an der Moordale Chlamydien festgestellt worden sind. Das zeigt wieder mal, wie schlecht es um den Aufklärungsunterricht bestellt ist, wenn so viele Leute ernsthaft glauben, man könnte sich über die Luft damit anstecken!*

OTIS

Die Behandlung erfolgt durch Antibiotika. Werden sie frühzeitig entdeckt und behandelt, verursachen Chlamydien keine Langzeitfolgen. Bei Nichtbehandlung können sie jedoch vor allem bei Menschen mit einer Gebärmutter schwerwiegende gesundheitliche Probleme auslösen, darunter Unterleibsentzündungen, Unfruchtbarkeit und Eileiterschwangerschaften (dabei nistet sich die befruchtete Eizelle nicht in der Gebärmutter, sondern im Eileiter ein).

Wenn du einen Penis hast, kannst du eine Nebenhodenentzündung bekommen (ja, das ist so unangenehm, wie es klingt). Und das ist nur der erste Schritt. So eine Entzündung kann nämlich zu eitrigen Abszessen führen oder eine Hodenatrophie nach sich ziehen. Weißt du, wie der Spitzname für eine Hodenatrophie lautet? Schrumpfhoden. So was will wirklich keiner.

FUN FACT: Weltweit gehören Chlamydien zu den am häufigsten auftretenden sexuell übertragbaren Krankheiten. (Okay, so richtig »fun« ist dieser Fakt eher nicht.)

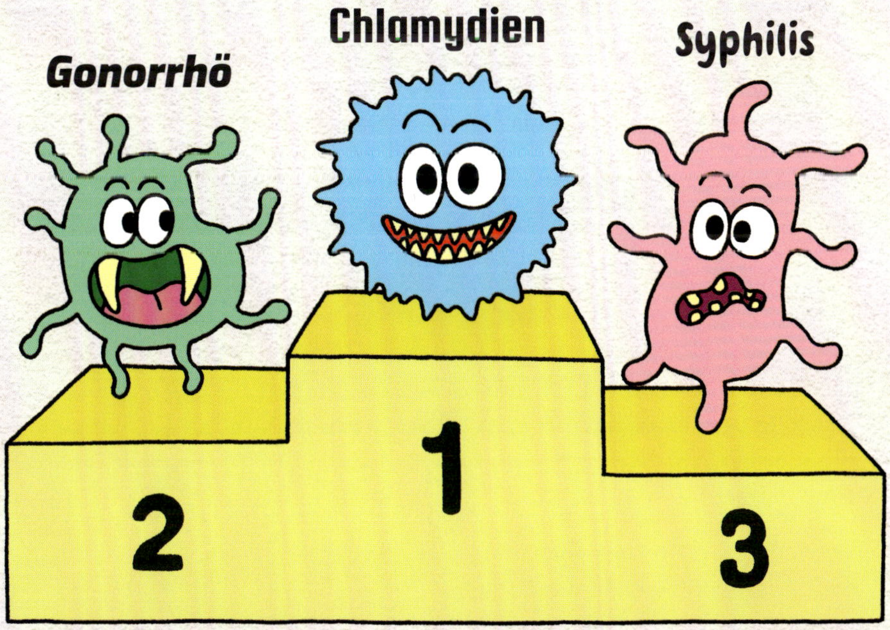

GENITALWARZEN

Jepp, das ist so fies, wie es klingt. Genitalwarzen, umgangssprachlich auch als Feigwarzen bekannt, werden durch ein Virus namens Humanes Papillomvirus verursacht. Vielleicht ist dir die Abkürzung HPV ein Begriff (zumindest lässt sie sich deutlich leichter aussprechen).

Genitalwarzen sind kleine Knötchen, die rings um die Vaginalöffnung, am Penis oder um den Anus wachsen. Sie tun meist nicht weh, können aber durch Juckreiz und verstärkten Ausfluss auf sich aufmerksam machen. Je nachdem, wie sie angeordnet sind, kann es auch sein, dass der Strahl beim Pinkeln plötzlich einen seltsamen Knick macht. Falls du irgendetwas davon an dir feststellst, solltest du damit zum Arzt gehen.

Es gibt verschiedene Typen, nach denen sich die jeweilige Behandlung richtet. Das kann eine Creme oder Tinktur sein, die über mehrere Wochen hinweg aufgetragen wird, oder die Warzen werden vereist. In schwereren Fällen müssen sie eventuell operativ entfernt oder verödet werden. Also schluck deinen Stolz runter und ab mit dir zum Arzt, so schnell die Beinchen tragen.

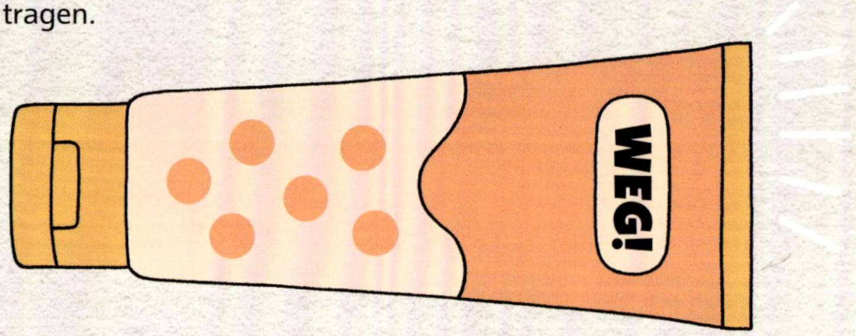

Denk dran: Ärzt*innen und Klinikpersonal haben täglich mit solchen Fällen zu tun. Es gibt wirklich nichts, wofür du dich schämen musst. Das Schlimmste, was du tun kannst, ist *nicht* zum Arzt zu gehen.

Da die Ursache für Genitalwarzen ein Virus ist, können die Behandlungen die unschönen Knötchen leider meist nur für eine Weile in Schach halten. Eine echte Heilung dafür gibt es nicht, daher ist es gut möglich, dass früher oder später neue auftauchen. Aber es gibt Licht am Ende des warzigen Tunnels: Manchmal wird dein Körper mit der Zeit von allein mit dem Virus fertig und dann herrscht wieder Ruhe.

HPV MACHT **NICHT NUR WARZEN**

HPV (Humanes Papillomvirus) steht für eine ganze Reihe von Viren, von denen die meisten relativ harmlos sind. Ein paar gelten jedoch als »Hochrisiko«-Viren, die mit verschiedenen Krebsarten in Verbindung gebracht werden.

In Deutschland wird für junge Menschen seit einigen Jahren eine HPV-Impfung empfohlen. Die Impfung erfolgt in zwei bis drei Dosen, die mit zeitlichem Abstand verabreicht werden. Nur dann ist die Wirkung vollständig gewährleistet. Die Impfung schützt sowohl vor Genitalwarzen als auch vor Krebsarten, die durch HPV verursacht werden.

Für Menschen mit einer Gebärmutter ist zusätzlich zur Impfung eine regelmäßige Untersuchung beim Frauenarzt (der sogenannte »Abstrich«) ratsam. Dabei wird ebenfalls auf HPV getestet.

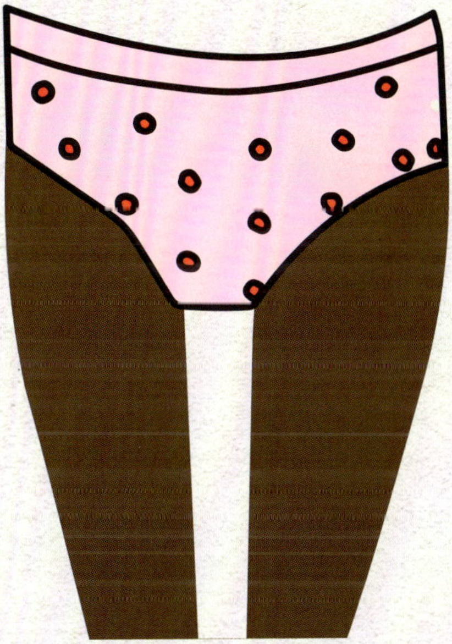

Während der Untersuchung werden mit einem Tupfer, Bürstchen oder kleinen Spatel Zellen vom Gebärmutterhals entnommen und ins Labor geschickt. Werden dabei krankhafte Zellveränderungen oder Erbgut der HP-Viren entdeckt, kann die Infektion behandelt werden, lange bevor daraus möglicherweise Krebs entstehen kann.

Diese Untersuchungen solltest du ab dem Zeitpunkt, an dem du Sex hast, durchführen lassen, spätestens jedoch ab Anfang zwanzig. Die Informationen in diesem Abschnitt unterstreichen hoffentlich, wie wichtig es ist, dich regelmäßig testen zu lassen. Das Ganze dauert nur wenige Minuten und kann im Ernstfall Leben retten.

GONORRHÖ (ODER TRIPPER)

Gonorrhö (bei dem Wort denkt man doch automatisch an eine Geschlechtskrankheit, oder?) wird durch ein Bakterium namens Neisseria gonorrhoeae verursacht. Klingt schick, ist es aber nicht. Wie das gängigere Wort Gonokokken vielleicht verdeutlicht.

Auf Englisch trägt die Krankheit auch den hübschen Beinamen »the clap«, der angeblich daher stammt, dass man im sechzehnten Jahrhundert glaubte, Männer könnten sich davon heilen, indem sie mit den Händen fest auf den Penis schlugen. So sollten sie den Eiter loswerden und damit auch die Krankheit. Zugegeben, *irgendetwas* mussten sie ja tun und Antibiotika kannte man damals noch nicht. Aber diese Methode ist definitiv nicht zur Nachahmung empfohlen.

Nicht selten kommt es vor, dass Erkrankte keine oder nur milde Symptome zeigen. Dennoch solltest du auf folgende Anzeichen achten:

Wenn du einen PENIS hast:

- **Schmerzen beim Wasserlassen**
- **Schwellungen oder Rötungen an Penis oder Hoden**
- **Eitriger, grünlich-gelber Ausfluss**

Wenn du eine VAGINA hast:

- **Eitriger, grünlich-gelber Ausfluss**
- **Zwischenblutungen (die können aber auch andere Ursachen haben, der Ausfluss ist also deutlich aussagekräftiger)**

Die Behandlung erfolgt durch unseren guten alten Freund Antibiotikum. Normalerweise erhältst du zunächst eine Spritze und dann ein weiteres Mittel zum Einnehmen.

HERPES

Genitalherpes wird durch eine Infektion mit Herpes-simplex-Viren (HSV) ausgelöst. Die Symptome sind behandelbar, das Virus bleibt jedoch im Körper. Dadurch kann es immer wieder zu einem erneuten Aufflammen kommen. Bei manchen Leuten passiert das recht oft, bei anderen nur einige wenige Male. Das Virus ist hochansteckend, deswegen solltest du unbedingt auf geeignete Verhütung achten.

Zu den häufigsten Symptomen gehören Schmerzen beim Wasserlassen, ein unangenehmes Kribbeln, Jucken oder Brennen im Bereich von Penis oder Vagina und vermehrter Vaginalausfluss. Und als ob das noch nicht genug wäre, kommen dann noch kleine Bläschen an den Genitalien, um den Anus, am Po und/oder den Oberschenkeln dazu, die aufplatzen und verschorfen können.

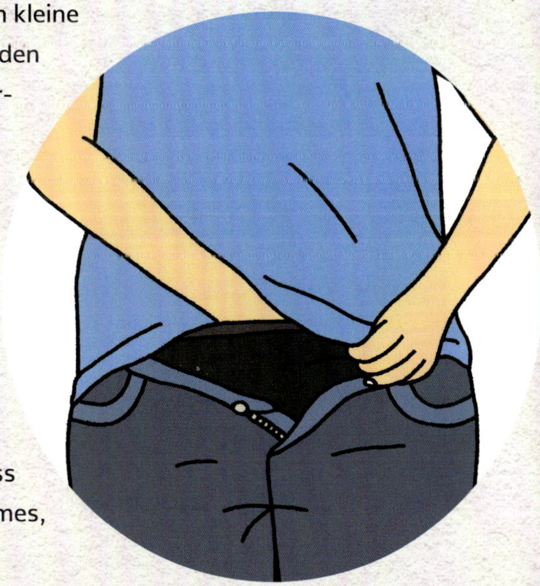

Eine Behandlung, die die Erkrankung heilt, gibt es nicht. Daher bleibt den Betroffenen nichts anderes übrig, als zu warten, bis die Symptome abklingen. Es gibt jedoch Medikamente, die diesen Prozess beschleunigen können, und Cremes, mit denen sich Schmerzen und Juckreiz lindern lassen.

FILZLÄUSE

Filzläuse, umgangssprachlich auch Sackratten genannt, sind kleine Insekten, die als Parasiten in der menschlichen Körperbehaarung leben. Sie sind grau-gelb gefärbt, etwa zwei Millimeter groß und ernähren sich von menschlichem Blut. Am wohlsten fühlen sie sich in deinen Schamhaaren.

Dort legen sie auch ihre Eier ab, kleine braune Kügelchen, die an deinen Haaren haften. Sie sind jedoch nicht nur in den Schamhaaren zu finden, sondern gelegentlich auch in dichter Bein-, Arm-, Brust- und Achselbehaarung sowie in Bärten. Sehr selten machen sie es sich sogar in Wimpern und Augenbrauen gemütlich. Nur mit Kopfhaaren können sie nichts anfangen, die lassen sie in Ruhe. Vielen Dank auch, ihr Sackratten.

Wenig überraschend sorgen die sechsbeinigen Mistviecher für extremen Juckreiz, vor allem nachts, wenn sie sich ums Lagerfeuer versammeln, die Gitarre rausholen und entspannt ein paar Bierchen zischen (mutmaßlich).

Die Behandlung ist denkbar einfach: Mittel gegen Filzläuse kannst du problemlos in jeder Apotheke kaufen. Zur Not behaupte einfach, du besorgst sie

»FÜR EINEN FREUND«.

HINWEIS:
Sackratten geben keine guten Haustiere ab.

(Nicht so wie Madam!)

TRICHOMONADEN

Wo wir gerade bei winzigen Parasiten sind, kommen wir doch gleich zu den Trichomonaden, einer sexuell übertragbaren Krankheit, die durch einen winzig kleinen Erreger namens Trichomonas vaginalis hervorgerufen wird. Dabei handelt es sich um einen mit bloßem Auge nicht zu erkennenden Parasiten, der sich zumeist in der Vagina oder Harnröhre einnistet.

Symptome treten für gewöhnlich innerhalb eines Monats nach Ansteckung auf. In vielen Fällen verläuft die Erkrankung jedoch auch symptomfrei und bleibt daher unbemerkt. Der Erreger kann dennoch weitergegeben werden.

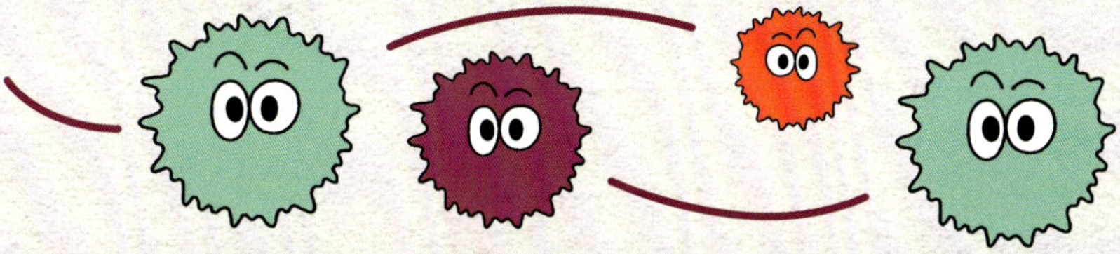

Hier kommt eine kleine Auswahl der häufigsten Symptome, an denen du eine Infektion mit Trichomonaden erkennen kannst.

Wenn du einen PENIS hast:

- Vermehrter Harndrang
- Schmerzen bei der Ejakulation und beim Wasserlassen
- Schwellungen, Rötungen und Wundgefühl im Bereich der Vorhaut und der Eichel
- Dünnflüssiger weißlicher Ausfluss

Wenn du eine VAGINA hast:

- Dünnflüssiger, dickflüssiger oder schaumiger Ausfluss, der meist gelblich-grün gefärbt ist
- Juckreiz, Schwellungen und Wundgefühl im Bereich der Vagina
- Juckreiz an der Innenseite der Oberschenkel
- Vermehrter Ausfluss, der unangenehm nach Fisch riechen kann
- Schmerzen beim Wasserlassen oder Sex

Leider gibt es hierfür kein Mittel, das du mal eben ohne Verschreibung in der Apotheke nebenan besorgen kannst. Ein Besuch beim Arzt ist unerlässlich. Dort wird dein Genitalbereich untersucht und ein Abstrich zur weiteren Untersuchung im Labor vorgenommen. Wenn der Test positiv ausfällt, bekommst du Antibiotika verschrieben, die das Problem für dich aus der Welt schaffen.

Sex kann wunderschön sein, aber manchmal führt er auch zu großem Schmerz. Und wenn man nicht aufpasst, kann Sex ein Leben zerstören.

JEAN

HIV/AIDS

Weil nicht allen klar ist, wo der Unterschied zwischen HIV und Aids liegt, vorab eine kurze Erklärung:

HIV ist die Abkürzung für »Humanes Immundefizienz-Virus«. Dieses Virus schädigt die Zellen des Immunsystems, sodass damit infizierte Menschen anfälliger für alle möglichen Erkrankungen werden.

Aids ist die Abkürzung für »Akquiriertes Immundefizienz-Syndrom«, zu Deutsch: erworbene Schwäche des Immunsystems. Damit sind die Infektionen und Krankheiten gemeint, die sich ungehindert im Körper ausbreiten und sogar zum Tod führen können, wenn eine Person, die mit HIV infiziert ist, nicht die nötige Behandlung erhält.

Merke: Aids kann nicht von Mensch zu Mensch übertragen werden, HIV schon.

Als HIV in den 1980ern zum ersten Mal in die Nachrichten kam, galt es für die Betroffenen als Todesurteil. Weil damals noch so gut wie nichts über das Virus bekannt war, außer dass Menschen an den Folgen einer Infektion starben, breitete sich eine regelrechte Panik aus.

Eine Zeit lang gingen Gerüchte um, dass man sich anstecken konnte, wenn man einen Menschen, der mit HIV infiziert war, berührte oder sogar nur mit ihm im selben Raum war. Zum Glück haben wir seitdem einiges dazugelernt.

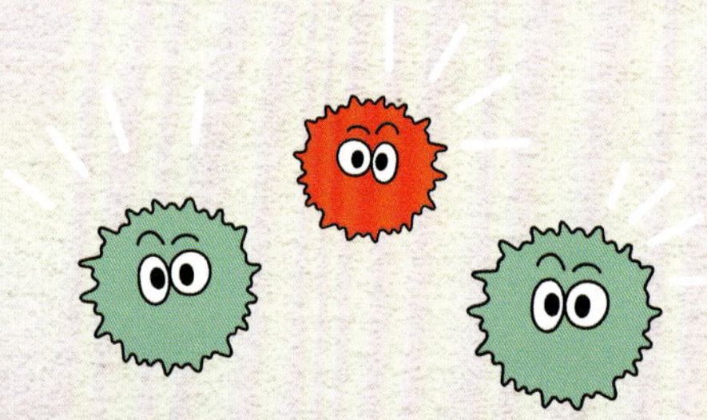

HIV wird größtenteils immer noch durch ungeschützten Sex verbreitet. Allerdings kann man sich auch über verunreinigte Spritzen und Nadeln anstecken. Zudem kann das Virus während der Schwangerschaft, der Geburt oder beim Stillen von der Mutter auf das Baby übergehen.

Nicht alle, die sich mit HIV infizieren, zeigen anfängliche Symptome, aber in vielen Fällen tritt in den ersten zwei bis sechs Wochen nach der Ansteckung eine grippeähnliche Erkrankung auf. Sobald diese verfliegt, können Jahre vergehen, bis sich das Virus wieder bemerkbar macht, doch in der Zwischenzeit schädigt es nachhaltig das Immunsystem. Deswegen ist es so wichtig, dich umgehend testen zu lassen, wenn du glaubst, du könntest dich mit HIV infiziert haben. Adressen dazu findest du zum Beispiel über die Deutsche Aidshilfe, siehe hinten im Buch.

Mittlerweile gibt es gute Behandlungsmöglichkeiten, aber heilbar ist HIV nicht. Ohne Behandlung beträgt die durchschnittliche Lebenserwartung nach der Infektion noch etwa neun bis elf Jahre. Es gibt jedoch eine Reihe von Medikamenten, die das Virus wirksam in Schach halten.

Die sogenannte antiretrovirale Therapie sorgt dafür, dass sich das Virus im Körper nicht weiter vermehren kann. Dadurch erhält das Immunsystem die Möglichkeit, sich zu erholen. Mit der richtigen Behandlung können Betroffene heutzutage ein langes und weitgehend normales Leben führen. Das Auftreten von Aids wird verhindert, zudem ist das Risiko, dass sie das Virus weitergeben, deutlich gesenkt.

Darüber hinaus gibt es zwei relativ neue revolutionäre Methoden, die verhindern sollen, dass sich Menschen überhaupt erst mit dem Virus infizieren.

Das erste ist ein Mittel zur Prä-Expositionsprophylaxe (kurz **PrEP**). Dabei handelt es sich um eine Kombination aus zwei Wirkstoffen, die normalerweise zur Behandlung von HIV eingesetzt werden. Das Mittel kann von nicht infizierten Menschen vor dem Sex eingenommen werden, um das Risiko einer Ansteckung zu verringern. Die Wirkstoffe verhindern die Vermehrung des Virus, sollte es in den Körper gelangen. Die Einnahme kann auf zwei Weisen erfolgen: entweder täglich oder nur bei Bedarf. In der zweiten Variante werden zwei Tabletten vierundzwanzig bis – allerspätestens – zwei Stunden vor dem Sex eingenommen, eine weitere vierundzwanzig Stunden nach dem Sex und die letzte achtundvierzig Stunden nach dem Sex. In Deutschland kann das Mittel Menschen mit erhöhtem Infektionsrisiko verschrieben werden.

Außerdem gibt es die Post-Expositionsprophylaxe (**PEP**). Dieses Mittel wird eingesetzt, nachdem jemand möglicherweise ungeschützt mit dem Virus in Kontakt gekommen ist. Die Einnahme muss bis spätestens zweiundsiebzig Stunden danach erfolgen, besser jedoch innerhalb der ersten zwei bis vierundzwanzig Stunden. Anschließend muss die Behandlung weitere achtundzwanzig Tage genau nach Anweisung fortgeführt werden. Die Wirksamkeit ist allerdings nicht garantiert, daher sollte wirklich nur im äußersten Notfall darauf zurückgegriffen werden, zum Beispiel, wenn beim Sex das Kondom gerissen ist. Nicht alle Arztpraxen und Krankenhäuser haben Erfahrung im Umgang mit PEP und die Medikamente sind nicht überall vorrätig. Wenn möglich, solltest du ein spezialisiertes Krankenhaus oder eine spezialisierte Praxis aufsuchen. Eine Übersicht findest du bei der Deutschen Aidshilfe, siehe hinten im Buch. Wichtig ist, dass die Behandlung so schnell wie möglich erfolgt.

ZEIT FÜR DEN **ERHOBENEN ZEIGEFINGER**

Falls du den Verdacht hast, du könntest dich mit einer sexuell übertragbaren Krankheit angesteckt haben, sieh zu, dass du dich so schnell wie möglich testen lässt. Und verzichte solange auf jede Form von sexueller Aktivität, damit du dieses unschöne Geschenk nicht auch noch weitergibst.

Wenn du sexuell aktiv bist und vor allem, wenn du Sex mit wechselnden Partnern hast, macht es auch Sinn, wenn du dich regelmäßig – zum Beispiel einmal im Jahr – auf sexuell übertragbare Krankheiten testen lässt. Auch dann, wenn du keine Symptome hast. So brennt nichts unbemerkt an.

Falls ein Test positiv ausfällt, ist es deine Pflicht, alle Personen zu informieren, die du möglicherweise angesteckt haben könntest, damit sie sich ebenfalls untersuchen lassen.

Scham ist hier absolut fehl am Platz. Wer Sex hat, kann sich mit sexuell übertragbaren Krankheiten anstecken, das liegt in der Natur der Sache. Wichtig ist, dass du alles in deiner Macht Stehende tust, um eine Weiterverbreitung zu verhindern.

ERICS FASHIONGUIDE

MEHR IST MEHR!

Grau ist nicht mein Ding! Sag über Ruby, was du willst, aber sie versteht was von Farbe.

FINDE DEINEN STYLE

Meinen Look kann nicht jeder tragen. Keine Chance. Und kannst du dir vorstellen, dass Aimee und Maeve die Klamotten tauschen? Finde einen Style, der zum Ausdruck bringt, wer DU bist!

MACH DEIN DING

Lass dir von niemandem vorschreiben, was du anziehen sollst. Ich wär fast gestorben, als Ruby Otis neu eingekleidet hat.

TREND ODER NICHT?

Wir lassen uns alle gern von anderen Leuten und aktuellen Trends beeinflussen. Aber was auf den Laufstegen von Mailand gut aussieht, muss nicht automatisch der perfekte Look für die Busfahrt sein.

KOMBINIERE WILD

Ich liebe es, Muster und Farben zu kombinieren, die nicht recht zueinander passen. So sieht es aus, als hätte ich meine Outfits nicht stundenlang zusammengestellt (was natürlich nicht stimmt).

DAS GEWISSE ETWAS

Selbst wenn es nur ein kleiner Farbklecks ist: Ich versuche immer, meinen Outfits einen interessanten Extrakick zu verleihen.

JEANS GEHEN IMMER

Mit Jeans kannst du nichts falsch machen. Ein, zwei ausgefallene Accessoires dazu, damit es nicht zu langweilig wird – und fertig!

LUST AUF WAS NEUES? SETZ AUF DETAILS

Probier eine neue Frisur aus, ergänze deinen Look um ein paar extravagante Ohrringe oder kauf dir diesen superknalligen Lippenstift. Manchmal reichen schon Kleinigkeiten.

MEINE LIEBLINGS-OUTFITS

1

2

3

4

8

LIEBE IN ZEITEN DES INTERNETS (ES GEHT NICHT *NUR* UM PORNOS)

Als deine Eltern in deinem Alter waren, blieb ihnen meist nichts anderes übrig, als einen verstohlenen Blick auf die Hochglanzseiten eines Pornomagazins zu werfen, wenn sie auf der Suche nach einer geeigneten Wichsvorlage waren. Heutzutage kannst du dir ganze Orgien, Fetischsex und noch VIEL mehr innerhalb von Sekunden aufs Handy holen. Willkommen in der wilden Welt von Liebe und Sex im digitalen Zeitalter.

DAS PROBLEM **MIT PORNOS**

Porno ist ein lukratives Geschäft. Eine britische Studie aus dem Jahr 2020 zeigte, dass …

51 % **aller Elf- bis Dreizehnjährigen,**

66 % **aller Vierzehn- und Fünfzehnjährigen sowie**

79 % **aller Sechzehn- und Siebzehnjährigen**

… bereits mit Pornografie in Berührung gekommen sind.

Eine weitere Studie aus dem Jahr 2016 kam zu der Erkenntnis, dass im Vereinigten Königreich …

53 % **der Jungen und**

39 % **der Mädchen Pornos für eine realistische Darstellung von Sex hielten.**

Es gibt zudem Hinweise darauf, dass es im späteren Leben verstärkt zu erektiler Dysfunktion kommen kann (auf gut Deutsch: man keinen mehr hochkriegt), wenn man früh mit dem Pornokonsum beginnt.

Obwohl Pornos offiziell als »Erwachsenen-unterhaltung« gelten, kommen durch die zahlreichen kostenlosen und leicht zugänglichen Websites mehr und mehr junge Menschen damit in Berührung. Dadurch nimmt auch die Zahl pornosüchtiger Teenager immer weiter zu.

Halt dich fest, jetzt kommt's: Die meisten Online-Pornos haben mit dem wahren Leben nicht viel zu tun. Sie sind ungefähr so wirklichkeitsgetreu wie die billigen »Adidos«-Klamotten aus dem Urlaub.

Das soll nicht heißen, dass Pornos *grundsätzlich* schlecht sind. Es gibt auch welche, in denen die Lust und der Spaß aller Beteiligten klar im Vordergrund stehen. Solche Filme können spannende Anregungen bieten und dabei helfen herauszu-finden, was dir gefällt.

Vieles von dem, was mittler-weile im Umlauf ist, ist jedoch hochgradig unrealistisch. Die Auswahl ist riesig, daher solltest du sehr genau darauf achten, was du dir ansiehst. Pornos können leicht falsche Erwartungen wecken und damit unnötig Druck, Ängste und Sorgen auslösen.

Ein paar beliebte Darstellungen, die Pornos problematisch machen:

Menschen sind von Natur aus so haarlos wie Nacktmulle.

Schamhaare wachsen nicht ohne Grund. Sie bilden eine natürliche Barriere vor Keimen und reduzieren außerdem unangenehme Reibung beim Sex. Das steht zwar schon in Kapitel 3 beim Thema Intimfrisuren, aber man kann es nicht oft genug sagen: Es ist egal, wie du untenrum aussiehst. Hauptsache, du fühlst dich wohl.

Alle Penisse sind riesig. (Adam ist eher die Ausnahme und er ist nicht besonders glücklich darüber.)

Drüben in Pornoland findet man kaum ein Exemplar, das unter zwanzig Zentimeter lang ist (was deutlich über dem Durchschnitt liegt, siehe Kapitel 3). Kein Wunder also, dass Leute wie Dex am Ende nackt durch die Schule rennen, nachdem sie sich auf dem Klo versteckt haben, um ihre Schwanzlänge zu messen.

Alle Welt hat Analsex.

Analsex kommt in Pornos relativ häufig vor. In Wahrheit gibt es viele Menschen (hetero- und homosexuell), die keine Lust darauf haben. Fühl dich nicht gezwungen, Analsex auszuprobieren, weil er angeblich »dazugehört«. Wie bei allen anderen Praktiken gilt auch hier: Tut nur etwas, wenn alle Beteiligten von ganzem Herzen damit einverstanden sind.

Wenn du es trotzdem mal versuchen möchtest, denk bitte daran, dass sexuell übertragbare Krankheiten auch durch Analsex weitergegeben werden können. Außerdem wird der Anus bei Erregung nicht feucht. Ihr braucht also Kondome und ein geeignetes Gleitmittel, damit ihr die Erfahrung sicher und schmerzfrei genießen könnt.

Penisse sehen alle gleich aus.

Manche Exemplare neigen sich nach rechts, andere nach links. Manche zeigen nach unten, andere ragen steil nach oben, als wollten sie nach den Sternen greifen, und wieder andere sind krumm wie eine Banane. Sei stolz auf deine Einzigartigkeit.

Und Vulven auch.

Wie in Kapitel 3 beschrieben, gibt es keine hübschen oder hässlichen Schamlippen. Jede hat andere, aber alle sind wunderschön.

Nicht zu fassen, dass ich mich dermaßen verrückt gemacht habe, weil meine Vulva »komisch« aussieht. In Pornos sind die Frauen untenrum immer perfekt symmetrisch und ich dachte, ich bin hässlich, weil meine Schamlippen irgendwie schief und krumm sind. Erst durch mein Gespräch mit Jean habe ich kapiert, dass es Schönheits-OPs für Vulven gibt und Pornostars sich oft operieren lassen, um so auszusehen. So ein Unsinn! Ich habe mich dann mit einem Handspiegel hingesetzt und mir meine Vulva ganz in Ruhe angeguckt. Und inzwischen finde ich sie sogar richtig schön. Mit ihren Fältchen und Rundungen sieht sie irgendwie aus wie eine blühende Geranie. Danach habe ich Vulven-Cupcakes gebacken, um allen zu zeigen, dass ihre Schamlippen auch wunderschön sind. Schenkt euren Vulven mehr Liebe, Ladys!

AIMEE

Alle Frauen haben operierte Brüste.

Haben sie nicht. Und es stehen auch bei Weitem nicht alle darauf!

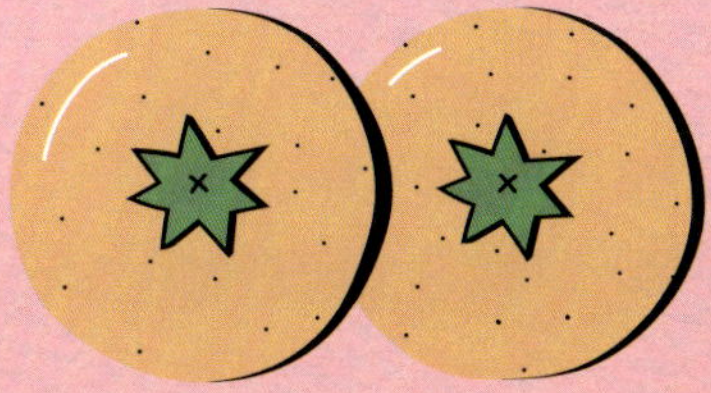

Wer einen Penis hat, will Presslufthammer-Sex.

Manchmal ist so ein schneller, wilder Quickie zwischendurch genau das Richtige. Aber selbst die größten Rammler mögen es ab und zu auch mal langsam und zärtlich.

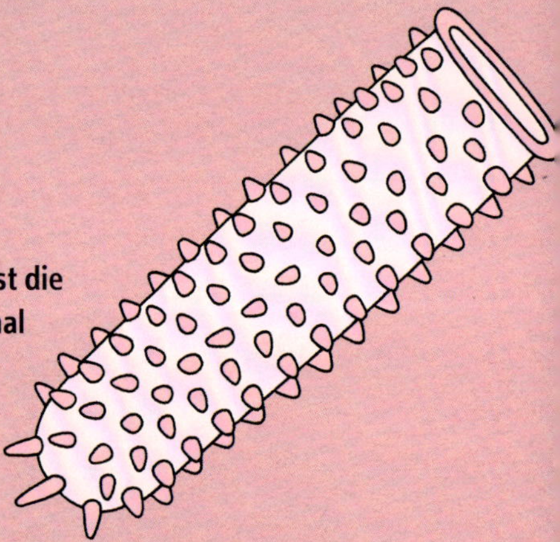

Frauen kommen immer zum Orgasmus.

Schön wär's. Leider galt weibliche Lust lange als etwas, wofür man sich schämen muss, deswegen fällt es vielen Frauen auch heute noch schwer, sich fallen zu lassen und auszusprechen, was sie gerade brauchen. Im echten Leben benötigen viele Frauen ein bisschen länger, um zum Höhepunkt zu kommen, daher weckt dieses »Zack, fertig« bloß falsche Erwartungen und erzeugt unnötigen Druck.

Dreier sind Standard.

Im Porniversum gibt es eine derartige Flut an Dreiern, dass man sich leicht wie der größte Langweiliger auf Erden vorkommen kann, wenn man selbst noch keinen hatte. Falls du es mal ausprobieren möchtest und sogar die passenden Partner*innen dazu findest: wunderbar. Aber lass dich nicht bloß darauf ein, weil du glaubst, dass alle anderen es auch tun. Das stimmt einfach nicht. Wenn du keine Lust darauf hast, dann lass es.

Sex ist nur gut, wenn ihr mindestens fünf Stellungen durchnudelt, von denen eine aussieht, als sei sie rein anatomisch gar nicht machbar.

Entweder hat die Hälfte aller Pornodarsteller*innen eine Zusatzausbildung als Zirkusartist*in oder es ist genauso ungemütlich, wie es aussieht, wenn das eine Bein über die Sofalehne hängt, während das andere fast die Decke berührt. Du musst nicht die unmöglichsten Verrenkungen aufführen, um zu beweisen, dass du wirklich alles gibst. Wichtig ist, dass es sich gut anfühlt, das ist alles, was zählt.

In Pornos lernt man viel über Sex.

Nicht wirklich. Die meisten Pornos geben ein verzerrtes und oft auch mehr als bedenkliches Bild der Realität wieder. Daran solltest du dich lieber nicht orientieren.

Pass einfach auf.

Wenn du gern Pornos gucken möchtest, ist das vollkommen in Ordnung. Pass trotzdem ein bisschen auf, was du dir anschaust. Pornos können dir helfen, deine Sexualität, deine Fantasien und sexuellen Wünsche zu erkunden, aber vergiss nicht, dass es sich dabei um Fiktion handelt, nicht um die Wirklichkeit.

SEXTING

»Sexting« setzt sich aus den Wörtern »Sex« (selbsterklärend) und »texting« (also: einander Nachrichten schreiben) zusammen. Gemeint sind damit Text- und Sprachnachrichten, Fotos oder Videos mit eindeutig sexuellem Inhalt, die ihr einander schickt. Dazu ein paar Statistiken:

Im Vereinigten Königreich haben 38 % aller Teenager schon einmal Nachrichten mit eindeutig sexuellem Inhalt erhalten.

In den USA gab eine*r von sieben Teenagern an, Erfahrung mit Sexting zu haben.

In Europa am weitesten verbreitet ist Sexting in Schweden. Fast 13 % aller Elf- bis Sechzehnjährigen haben bereits mindestens einmal entsprechende Bilder verschickt.

Eugene und ich haben Sexting ausprobiert ... aber das lief irgendwie nicht. Erst als ich klargemacht habe, worauf ich stehe, haben wir eine gute Lösung gefunden.

VIV

In Deutschland fallen sexuell eindeutige Fotos von Minderjährigen unter den Begriff der Kinderpornografie und sind damit **ILLEGAL**. Wenn ihr allerdings zwischen 14 und 18 seid und die Fotos nur untereinander (und mit gegenseitigem Einverständnis!) verschickt, macht ihr euch damit nicht strafbar.

Falls ihr euch also gegenseitig sexy Fotos voneinander schicken möchtet und mindestens 14 Jahre alt seid, dürft ihr das gerne tun. Aber noch mal: Das gilt nur, wenn *alle* Beteiligten damit einverstanden sind!

Wenn du explizite Fotos ohne das Wissen und Einverständnis der abgebildeten Person teilst, weil du ihn/sie bloßstellen oder demütigen willst (»Racheporno«), machst du dich damit sehr wohl strafbar – und zwar unabhängig davon, wie alt das Opfer ist. (Je jünger, desto schwerwiegender.) Und falls du Nacktfotos von dir selbst an jemanden verschickst, der nicht darum gebeten hat, kann das als sexuelle Belästigung ausgelegt werden. Wenn du auf Nummer sicher gehen willst, informier dich gründlich und vergewissere dich, dass du das Einverständnis der anderen Person(en) hast. Oder bleib ganz einfach bei …

Katzenfotos!

Hier noch mal ein Überblick, worauf du beim Sexting achten solltest:

Wie bei allem, wenn es um Sex geht, müssen alle Beteiligten frei entscheiden können, ob, wie und wann sie daran teilnehmen wollen.

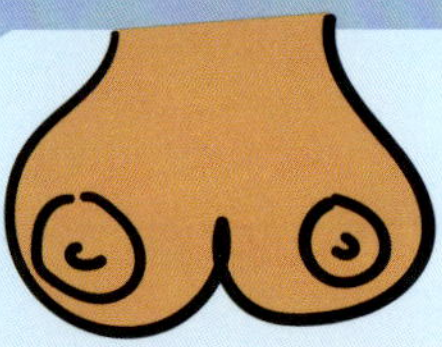

Einverständnis ist das A und O (siehe auch Kapitel 5). Bevor ihr sexy Fotos miteinander teilt, redet darüber. Wozu seid ihr bereit? Wo liegen eure Grenzen? Tu nichts, was du nicht möchtest. Und setz umgekehrt auch deinen Partner oder deine Partnerin nicht unter Druck. Jede*r muss frei entscheiden können und das gilt es zu respektieren.

Bevor du ein Foto verschickst, überleg dir, wie sehr du der Empfängerin oder dem Empfänger vertrauen kannst. Denn hast du erst mal auf »Senden« gedrückt, kannst du es nicht mehr rückgängig machen. Das Internet ist eine tolle Sache, aber was einmal drinsteht, kriegst du echt schwierig wieder und oft gar nicht mehr raus.

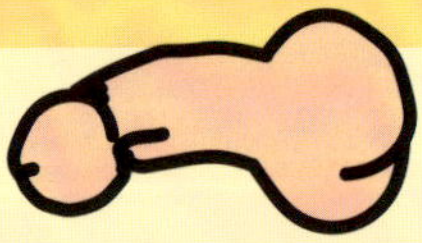

Sexting ist absolute Vertrauenssache. Wenn dir jemand ein Bild von sich schickt, ist es nur für dich gedacht. Dein*e Partner*in muss sich darauf verlassen können, dass du es niemandem sonst zeigst – nicht mal nach einem Streit oder wenn ihr Schluss gemacht habt.

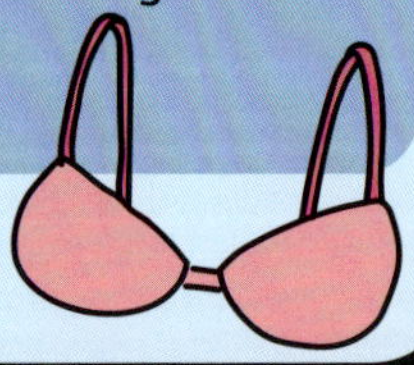

Wenn du herausfindest, dass intime Nachrichten oder sogar Fotos von dir weiterverbreitet worden sind, kann das extrem verletzend und beängstigend sein. Wenn du kannst, bitte deine Freund*innen, Familie oder eine erwachsene Vertrauensperson um Unterstützung. Wie gesagt: So etwas zu tun, ist strafbar, du kannst also auch zur Polizei gehen und Anzeige erstatten.

Als das Foto von meiner Vulva in der ganzen Schule rumging, konnte ich nicht fassen, dass jemand mein Vertrauen derart missbrauchen konnte. Alle kannten das Bild und haben ihre Kommentare dazu abgelassen. Ich hatte wahnsinnige Angst, dass alle Welt erfährt, dass ich das auf dem Foto bin. Wie demütigend! Als ich dann rausgefunden habe, dass Olivia dahintersteckte, hätte ich sie umbringen können. Nur weil man auf jemanden sauer ist, gibt einem das nicht das Recht, private Fotos zu verbreiten. Aber dann sind Olivia und andere Mädchen während der Schulversammlung aufgestanden und haben behauptet, dass es ihre Vagina war. Das hat mir das Selbstbewusstsein gegeben, aufzustehen und zu sagen: »Es ist MEINE Vagina!«

RUBY

Du hast jemandem vertraut und diese Person hat dein Vertrauen missbraucht. Das kann unglaublich traumatisierend sein. So schmerzhaft die Erfahrung auch ist: Wir alle machen Fehler. Deswegen bist du kein schlechter Mensch und hast es auch nicht verdient, bloßgestellt oder gedemütigt zu werden.

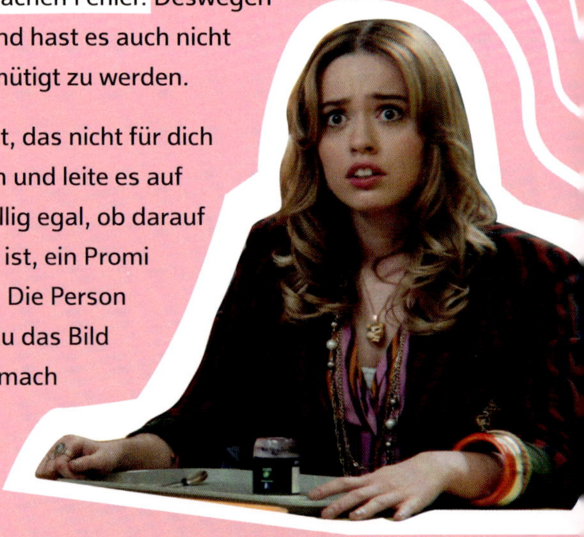

Wenn du ein solches Foto erhältst, das nicht für dich bestimmt war, sieh es dir nicht an und leite es auf keinen Fall weiter. Dabei ist es völlig egal, ob darauf ein*e Freund*in von dir zu sehen ist, ein Promi oder irgendjemand Wildfremdes. Die Person auf dem Foto wollte nicht, dass du das Bild bekommst. Respektiere das und mach die Situation für sie nicht noch schlimmer.

WEISST DU WIRKLICH, **MIT WEM DU ES ZU TUN HAST?**

Das Internet ist eine tolle Plattform, um neue Leute kennenzulernen und Freundschaften oder gar Beziehungen einzugehen, gerade wenn du sehr schüchtern bist, wegen einer Behinderung oder Krankheit (oder einfach nur einer schlechten Busverbindung) nicht so mobil sein kannst oder in deiner Gegend keine Gleichgesinnten findest. Über das Internet mit Menschen in Kontakt zu kommen, die die gleichen Neigungen und Interessen haben, kann eine völlig neue Welt eröffnen.

Allerdings kann man online auch leicht auf Betrüger reinfallen, daher solltest du immer überprüfen, ob die Person, mit der du chattest, auch wirklich diejenige ist, die sie vorgibt zu sein.

Der süße Typ, mit dem du seit Wochen schreibst, könnte genauso gut ein sechzigjähriger Mann sein, der sein Geld damit verdient, Fotos von halb nackten Teenagern an zwielichtige Websites zu verhökern. Sei also doppelt und dreifach vorsichtig, wenn du private Dinge von dir preisgibst.

Ein gefälschtes Profil aufzusetzen, ist eine Sache von wenigen Sekunden. Dafür braucht es oft nicht mehr als ein paar irgendwo zusammenkopierte Fotos. So kann es passieren, dass du eines Tages eine vermeintliche Nachricht von deinem Lieblingssänger kriegst und dich vor lauter Herzrasen und weichen Knien zu Dingen hinreißen lässt, die du normalerweise niemals tun würdest.

Falls dir so was passiert, check das Profil besonders gründlich, bevor du antwortest. Sieh dir den Account genau an. Wie lange ist er schon aktiv? Wie viele Follower hat er? Was für Kommentare stehen unter den Posts? Wenn du dir nicht sicher bist, frag einen Freund oder eine Freundin um eine zweite Meinung. Und falls dir die Sache irgendwie komisch vorkommt, solltest du den Account ...

BLOCKIEREN UND MELDEN.

MAEVES TIPPS, WIE DU JEMANDEN ABSERVIERST, **AUF DEN DU EINFACH NICHT STEHST**

1. **Sei ehrlich und sag ihm/ihr, dass du nicht interessiert bist.**

2. **Vermeide jeglichen Augenkontakt.**

3. **Blockier ihre/seine Handynummer und Social-Media-Profile.**

MAEVE WAS HERE

4. **Wenn ihr befreundet seid, versuch’s mit der guten alten »Ich will unsere Freundschaft nicht ruinieren«-Nummer.**

5. **Wenn ihr nicht befreundet seid, sag, dass du sie/ihn erst besser kennenlernen musst, und vermeide danach jegliches Gespräch.**

Ich hab keinen Bock auf 'ne Beziehung.

6 Sag, du hast immer noch Gefühle für deine*n Ex.

7 Behaupte, du hättest eine Geschlechtskrankheit.

8 Sag, du willst erst daten, wenn eine Frau Präsidentin der USA geworden ist.

9 Behaupte, du stehst nur auf Leute, die aus dem Stand zwanzig Werke feministischer Literatur aufzählen können.

10 Sag, du gehst liebend gern mit ihm/ihr auf ein Date, aber nur zu einem Konzert von Nirvana.

9 DIE UNSCHÖNEN SEITEN DES LEBENS

Leider ist das Leben nicht immer eitel Sonnenschein. Es kann einem manchmal auch ganz schön in die Fresse hauen.

Im Großen und Ganzen ist die Welt ein unglaublicher, wunderschöner Ort, der einen jeden Tag aufs Neue zum Staunen bringt. Trotzdem müssen wir immer mal wieder mit Schicksalsschlägen fertigwerden oder finden uns in unangenehmen Situationen wieder. Falls du jemals Diskriminierung, Belästigung, Gewalt, einen sexuellen Übergriff, eine ungewollte Schwangerschaft oder sogar eine Vergewaltigung erleben solltest, sind hier ein paar Infos, die dir hoffentlich helfen werden.

UNGEWOLLTE **SCHWANGERSCHAFT**

Beim Sex sollte es um Spaß und Genuss gehen – nicht um Ängste und Sorgen. Um zu verhindern, dass du schwanger wirst, obwohl du noch nicht dazu bereit bist, solltest du so viele Vorkehrungen wie möglich treffen. In Kapitel 6 ging es bereits ausführlich um die verschiedenen Verhütungsmethoden. Vielleicht sagst du: zu ausführlich. Aber bei diesem Thema kann man nie sicher genug sein.

Denn:

45 % **aller Schwangerschaften und ein Drittel aller Geburten weltweit sind ungeplant.**

Außerdem enden rund

50 % **aller Teenager-Schwangerschaften mit einer Abtreibung.**

In Deutschland bewegen sich die Zahlen der Teenager-Schwangerschaften glücklicherweise auf gleichbleibend niedrigem Niveau und scheinen sogar noch zurückzugehen. Das sind doch schon mal gute Nachrichten.

DU GLAUBST, DU BIST SCHWANGER – **UND JETZT?**

Wenn du den Verdacht hast, du könntest schwanger sein, solltest du als Allererstes einen Test machen. Diese gibt es rezeptfrei in der Apotheke und in den meisten Drogerien. Falls das Ergebnis positiv ausfällt, stellt sich als Nächstes die Frage, wie es jetzt weitergehen soll und was für dich am besten ist.

Dies ist eine der wichtigsten Entscheidungen deines Lebens – wenn nicht sogar *die* wichtigste. Nimm dir Zeit, in Ruhe darüber nachzudenken. Wenn du kannst, sprich mit jemandem darüber, dem du vertraust. Das können deine Eltern sein, aber auch andere Familienmitglieder oder ein*e Freund*in.

Manchmal hilft es schon, mit jemandem zu reden, um die richtige Entscheidung zu finden.

Falls du lieber professionellen Rat möchtest, kannst du dich auch an deine Frauenärztin oder deinen Frauenarzt wenden. Euer Gespräch unterliegt der ärztlichen Schweigepflicht, das heißt, alles, worüber ihr redet, bleibt unter euch.

Nicht immer ist eine ungeplante Schwangerschaft automatisch auch ungewollt. Vielleicht freust du dich ja auch darüber? Wenn du dich in einer emotional und finanziell ausreichend stabilen Situation befindest und die nötige Unterstützung hast, um ein Kind großzuziehen, spricht selbstverständlich nichts dagegen, das Baby auch zu bekommen.

In dem Fall solltest du dich allerdings erst recht an deinen Frauenarzt oder deine Frauenärztin wenden. Dort erhältst du all die Beratung und Betreuung, die du während deiner Schwangerschaft brauchst. Dazu gehören regelmäßige Untersuchungen, die sicherstellen, dass alles gut verläuft und du und dein Baby gesund seid. Diese Schwangerschaftsvorsorge kann übrigens auch eine Hebamme übernehmen, je nachdem, womit du dich wohler fühlst.

WAS SIND **DIE ALTERNATIVEN?**

Das Baby zu bekommen, ist jedoch nicht für jede die richtige Entscheidung. Solltest du dich dagegen entscheiden, gibt es folgende Möglichkeiten:

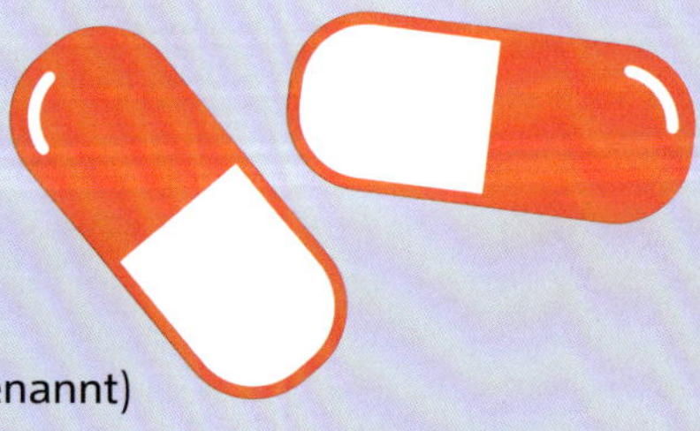

ABTREIBUNG

Wenn du dich nicht in der Lage siehst, das Kind auszutragen, könntest du überlegen, ob ein Schwangerschaftsabbruch (auch Abtreibung genannt) für dich infrage kommt.

Schwangerschaftsabbrüche werden entweder durch einen kleinen operativen Eingriff oder durch die Gabe spezieller Medikamente durchgeführt. Je früher, desto sicherer. In Deutschland darf eine Abtreibung nur innerhalb der ersten zwölf Wochen vorgenommen werden, es gibt jedoch einige Ausnahmen für extreme Notsituationen, beispielsweise wenn das Leben der Mutter sonst in Gefahr ist.

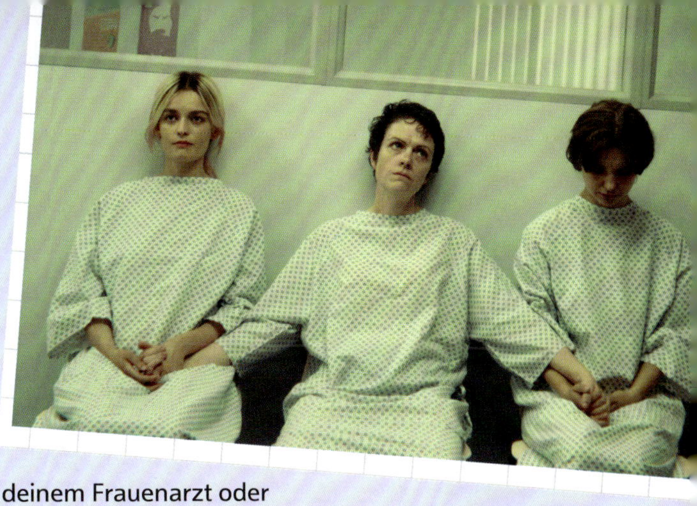

Genau genommen ist Abtreibung in Deutschland strafbar, unter gewissen Bedingungen darf sie jedoch straffrei vorgenommen werden. Wenn du Fragen hast, sprich am besten mit deiner Frauenärztin oder deinem Frauenarzt oder wende dich an eine geeignete Beratungsstelle. Einige hilfreiche Adressen findest du am Ende des Buchs.

Falls du dich dafür entscheidest, denk bitte dran: Abtreibungen sollten nur durch speziell dafür ausgebildetes Medizinpersonal vorgenommen werden. Alles andere ist extrem gefährlich und kann schwerwiegende gesundheitliche Folgen nach sich ziehen oder sogar tödlich enden.

Eine Abtreibung vornehmen zu lassen, kann eine schwierige und emotional belastende Entscheidung sein. Wenn du kannst, sprich mit jemandem darüber, dem du vertraust, und nimm diese Person am besten auch zum Eingriff mit.

Blumen – die beste Geste für einen Glückwunsch zur Abtreibung.

MAEVE

ADOPTION

Falls eine Abtreibung für dich nicht infrage kommt, besteht auch die Möglichkeit, das Kind zur Adoption freizugeben. Manche fühlen sich mit dem Gedanken wohler.

Das bedeutet allerdings, dass du das Kind austragen und zur Welt bringen musst. Das solltest du bei deiner Entscheidung also unbedingt berücksichtigen. Bist du bereit und in der Lage, eine neunmonatige Schwangerschaft durchzustehen? Zudem kann es emotional schwierig sein, das Kind zu gebären und wenig später wegzugeben. Für manche Menschen ist das eine ziemlich traumatische Erfahrung.

Wenn du zu dem Schluss gekommen bist, dass eine Adoption die richtige Wahl für dich ist, solltest du so bald wie möglich Kontakt zum Jugendamt aufnehmen. Die Leute dort kümmern sich dann darum, die passenden Eltern für dein Kind zu finden. Denk aber daran, dass das Sorgerecht dadurch auf die Adoptiveltern übergeht. Auch das solltest du bei deiner Entscheidung berücksichtigen. Es gibt verschiedene Adoptionsmodelle, bei denen du teilweise auch nach der Adoption mit deinem Kind und seiner neuen Familie in Kontakt bleiben kannst.

Wie bei all diesen Entscheidungen solltest du mit jemandem darüber reden, dem du vertraust. Bei Fragen kannst du dich auch an eine Schwangerschaftsberatungsstelle wenden. Wie beim Arzt gilt auch dort eine Schweigepflicht, das heißt, alles, was ihr dort besprecht, bleibt unter euch.

Wofür du dich am Ende auch entscheidest: Du wirst in dieser Zeit viel Liebe und Unterstützung brauchen. Trau dich, um Hilfe zu bitten, wenn du dich überfordert fühlst oder nicht mehr weiterweißt. Falls du lieber mit jemandem außerhalb deines Familien- oder Freundeskreises sprechen möchtest, kannst du dich an deine Ärztin oder deinen Arzt wenden oder eine geeignete Beratungsstelle aufsuchen. Du musst nicht alleine da durch.

SEXUELLER ÜBERGRIFF UND **VERGEWALTIGUNG**

In Kapitel 5 war bereits die Rede davon, wie wichtig gegenseitiges Einverständnis beim Sex ist. Sobald etwas gegen deinen Willen und/oder durch Gewalt geschieht, handelt es sich um einen sexuellen Übergriff oder schlimmstenfalls um Vergewaltigung.

In Deutschland wird dabei zwischen mehreren Begriffen unterschieden: Ein sexueller Übergriff findet statt, wenn jemand gegen deinen Willen eine sexuelle Handlung an dir vornimmt. Wendet er/sie dabei zusätzlich Gewalt an oder nutzt eine Notlage des Opfers aus, wird von sexueller Nötigung gesprochen.

Als Vergewaltigung gilt es, wenn eine Person gegen den Willen der anderen Person mit dem Penis in deren Vagina, Mund oder Anus eindringt.

Es ist nicht deine Schuld, wenn du Opfer eines sexuellen Übergriffs oder einer Vergewaltigung wirst. **Punkt.** Es spielt keine Rolle, ob du den Täter oder die Täterin vorher kanntest oder nicht, ob du Alkohol getrunken oder Drogen genommen hast oder was du zum Zeitpunkt der Tat anhattest – verantwortlich ist einzig und allein der Täter bzw. die Täterin.

Einen solchen Übergriff zu erleben, kann extrem traumatisierend sein. Vielleicht schämst du dich oder fühlst dich gedemütigt. Das ist völlig normal. Dir ist etwas Schlimmes widerfahren und du wirst wahrscheinlich eine Weile brauchen, damit fertigzuwerden. Wichtig ist, dass du dir das Gefühl zurückholst, selbst über deinen Körper und deine Entscheidungen bestimmen zu können. Jede*r reagiert anders, aber du allein entscheidest, wie.

Falls du Verletzungen erlitten hast oder fürchtest, du könntest schwanger sein oder dich mit einer sexuell übertragbaren Krankheit angesteckt haben, kannst und solltest du dir medizinische Hilfe holen, am besten in einem Krankenhaus oder einer speziellen Gewaltambulanz, die mittlerweile in einigen Städten eingerichtet worden sind. Es gibt nichts, wofür du dich schämen musst. Die Menschen dort sind dafür da, dir zu helfen. Oft bekommst du dort auch Informationen und weiterführende Angebote, die dich bei deiner körperlichen und seelischen Genesung unterstützen können.

Es gibt außerdem verschiedene Beratungsstellen und Organisationen, die gezielt darauf ausgerichtet sind, Betroffene von sexueller Gewalt zu unterstützen. Informier dich einfach, welche davon in deiner Gegend zu finden sind. Darüber hinaus gibt es auch Notfall-Hotlines und Online-Angebote, die rund um die Uhr zur Verfügung stehen und wo immer jemand ein offenes Ohr für dich hat.

Nach dem Vorfall mit dem Mann im Bus stand ich so unter Schock, dass ich erst mal gar nicht kapiert habe, dass das, was mir passiert ist, ein sexueller Übergriff war. Mir war das alles nur peinlich und irgendwie habe ich auch gedacht, ich wäre selber schuld. Selbst nachdem Maeve mich überredet hat, zur Polizei zu gehen, habe ich die Sache noch nicht allzu ernst genommen. Aber dann hatte ich plötzlich Angst davor, mit dem Bus zu fahren, und habe angefangen, mich immer unwohler in meinem Körper zu fühlen. Erst als ich während meiner Therapie mit Jean darüber gesprochen habe, ging es mir langsam wieder besser.

AIMEE

Wenn du Anzeige bei der Polizei erstatten möchtest, sollte so schnell wie möglich eine rechtsmedizinische Untersuchung durchgeführt werden. Achte außerdem darauf, dass du die Sachen, die du während des Übergriffs getragen hast, nicht wäschst, denn daran können sich ebenfalls wichtige Spuren befinden. Eine Aussage bei der Polizei bedeutet auch, dass du alles noch einmal so genau wie möglich nacherzählen musst. Das kann unter Umständen sehr belastend sein. Wenn du ein traumatisches Ereignis durchlitten hast, versuch, mit jemandem aus deinem Familien- oder Freundeskreis darüber zu reden, dem du vertraust. Das kann auch ein*e Therapeut*in sein oder jemand von einer offiziellen Beratungsstelle. Wichtig ist, dass du jemanden hast, der dich da durchbegleitet und dir beisteht.

Ein guter Therapeut ist sich immer seiner Verantwortung bewusst.

JEAN

DISKRIMINIERUNG UND **GEWALT**

Die Erkenntnis, wie wichtig Gleichberechtigung, Verständnis und gegenseitige Akzeptanz sind, setzt sich mehr und mehr durch. Trotzdem werden Menschen bis heute aufgrund ihrer Geschlechtsidentität, Sexualität, ethnischen Herkunft, Behinderung oder Religion diskriminiert. Mobbing, Belästigung und Beleidigungen sind allesamt Formen von Diskriminierung. In besonders schlimmen Fällen kann Intoleranz aber bis hin zu körperlicher Gewalt führen.

Ich rede nicht gerne darüber, aber ich weiß, dass ich als schwuler Schwarzer einem erhöhten Risiko für Gewalt und Diskriminierung ausgesetzt bin. Ich bin selbst Opfer eines Hassverbrechens geworden und das hat mein Selbstbild zutiefst erschüttert. Danach hatte ich das Gefühl, mich irgendwie kleiner machen zu müssen, um nicht aufzufallen und erneut in Gefahr zu geraten. Letzten Endes habe ich begriffen, dass ich nur dann glücklich sein kann, wenn ich so sein kann, wie ich bin, aber diese Tatsache ist trotzdem etwas, das ich Tag für Tag im Hinterkopf habe.

ERIC

Opfer eines gewalttätigen Angriffs zu werden, kann nachhaltige Folgen für dein Selbstwertgefühl, deine Selbstwahrnehmung und deine psychische Gesundheit haben. Wenn du kannst, sprich mit deinen Freund*innen oder deiner Familie darüber, geh zu einer Selbsthilfegruppe oder rede mit einem Therapeuten oder einer Therapeutin. Das kann dir helfen, wieder Ordnung in deine Gefühlswelt zu bringen. Und natürlich kannst du so eine Tat immer auch bei der Polizei anzeigen, wenn du dich dazu in der Lage fühlst.

Wenn du mitbekommst, wie sich jemand diskriminierend äußert oder verhält, sprich die Person darauf an, selbst wenn der Vorfall dir klein und unbedeutend erscheinen mag. Auch ein vermeintlicher »Witz« hilft dabei, Vorurteile aufrechtzuerhalten, und hat in einer fairen, gleichberechtigten Gesellschaft keinen Platz. Du kannst Diskriminierung auch bekämpfen, indem du dich für die Stärkung der Rechte von Minderheiten einsetzt, Bewusstsein schaffst, dich entsprechenden Kampagnen anschließt und dich und die Menschen um dich herum weiterbildest. Wenn du ein bisschen Geld übrig hast, kannst du damit Stiftungen und Non-Profit-Organisationen unterstützen, die sich gegen Diskriminierung aller Art engagieren.

ES GIBT **JEDE MENGE HILFSANGEBOTE**

Ein gewalttätiger Übergriff ist immer eine schreckliche Erfahrung und es kann lange dauern, darüber hinwegzukommen. Wenn du jemanden zum Reden brauchst, gibt es eine Vielzahl von Möglichkeiten. Eine gute erste Anlaufstelle kann deine Ärztin oder dein Arzt sein, die dich an eine geeignete Therapiestelle weiterverweisen können.

Bitte denk dran:
Du bist NICHT allein.

HILFE – ich kann nicht Nein sagen!

Ich kann meinen Freund*innen nichts ausschlagen. Wenn sie mich um Hilfe bei den Hausaufgaben bitten, mache ich die für sie. Wenn sie jemanden brauchen, der sie irgendwohin fährt, spiele ich die ganze Nacht Taxifahrer. Ich würde gerne auch mal Nein sagen, aber ich habe Angst, dass sie mich dann nicht mehr mögen. Was soll ich tun?

Aimee

Ich bin auch gerne nett. Ist doch nichts dabei, jemandem einen Gefallen zu tun. Ich weiß, manchmal gehen die Leute ein bisschen zu weit, so wie damals, als ich die Party bei mir zu Hause veranstaltet habe und haufenweise Zeug zu Bruch gegangen ist. Ich schätze, sie hatten wohl einfach etwas zu viel Spaß. Ich hätte die teuren Sachen meiner Eltern eben vorher beiseiteräumen sollen.

Nur eins kann ich nicht leiden, und das ist, wenn Leute gemein sind. Wenn jemand dich nicht gut behandelt, solltest du genügend Selbstrespekt haben, um der Person zu sagen, es reicht. Aber sei nett dabei – vielleicht kannst du ja einen Kuchen backen, der die Botschaft rüberbringt?

VIV

Hörst du dir eigentlich selber zu? Ich würde niemals zulassen, dass jemand auf mir rumtrampelt, und das solltest du auch nicht. Wenn wir nicht auf uns selbst achten, tut das keiner. Ich weiß, was ich will und was ich dafür tun muss – und wenn jemand seinen Beitrag nicht leistet, hat er in deinem Leben nichts zu suchen. Mit der Einstellung wirst du vielleicht nicht der beliebteste Mensch auf Erden, aber wenigstens wissen du und alle anderen genau, was Sache ist.

Entscheidend ist, dass du dich selbst respektierst. Deine Zeit ist genauso viel wert wie die aller anderen. Es ist besser, nur ein paar gute Freunde zu haben, als dein Leben damit zu verbringen, dich bei Leuten einzuschleimen, die dich bloß ausnutzen.

10

DEINE PSYCHE BRAUCHT AUCH PFLEGE

Von »himmelhoch jauchzend« bis »zu Tode betrübt« und wieder zurück. Willkommen auf der Gefühlsachterbahn. Wenn wir einen schlechten Tag haben (oder uns jemand gehörig, Verzeihung, auf den Sack geht), kann die Stimmung schon mal umschlagen wie das Wetter im April.

Sich seiner Gefühle bewusst zu sein und dazu zu stehen, ist gut für die psychische Gesundheit, auch wenn es manchmal wehtut. Falls du deine Gefühle trotzdem hin und wieder gerne etwas besser im Griff haben möchtest, hilft es, wenn du lernst, sie zu verstehen.

PSYCHISCHE **GESUNDHEIT**

Psychische, oft auch seelische, geistige oder mentale Gesundheit genannt, ist etwas, das jede*n von uns angeht. Auch wenn du selbst keine Probleme damit hast, kennst du ziemlich sicher jemanden, der damit zu kämpfen hat. Die Folgen für die Betroffenen und ihr Umfeld können weitreichend sein. Wir werden ständig daran erinnert, auf unsere körperliche Gesundheit zu achten, regelmäßig Sport zu treiben und uns ausgewogen zu ernähren. Unsere psychische Gesundheit zu pflegen, ist jedoch mindestens genauso wichtig.

50 % aller psychischen Erkrankungen beginnen schon vor dem 19. Lebensjahr. Gleichzeitig erhielten noch vor wenigen Jahren schockierende

70 % der betroffenen Jugendlichen keine Behandlung. Diese Zahlen bessern sich aber langsam.

Psychische Erkrankungen sind nichts Neues, aber zu Zeiten unserer Großeltern und teilweise auch noch unserer Eltern wurden sie eher unter den Teppich gekehrt. Ganz nach dem Motto: Aus den Augen, aus dem Sinn. Glücklicherweise sind diese Tage vorbei und wir können heute relativ offen und ehrlich über unsere psychische Verfassung reden. Außerdem gibt es unzählige hilfreiche Informationen und Angebote, die für jede*n frei zugänglich sind.

Das haben wir zu einem gewissen Teil den sozialen Medien zu verdanken, durch die Menschen, die sich lautstark und engagiert für das Thema einsetzen (vielen Dank euch allen!), eine gewaltige Reichweite erzielen können. Endlich sagt uns jemand:

Es ist okay, nicht okay zu sein.

Wir müssen einfach drüber reden.

REDEN HILFT IMMER

Es gibt wohl niemanden unter uns, dessen psychische Verfassung nicht schon mal ins Wanken geraten ist, und sei es nur kurz. Wir alle haben eine Schmerzgrenze, und wenn die überschritten ist und uns alles zu viel wird, kann dies leicht in einer Angststörung, Depression oder einem anderen psychischen Problem münden.

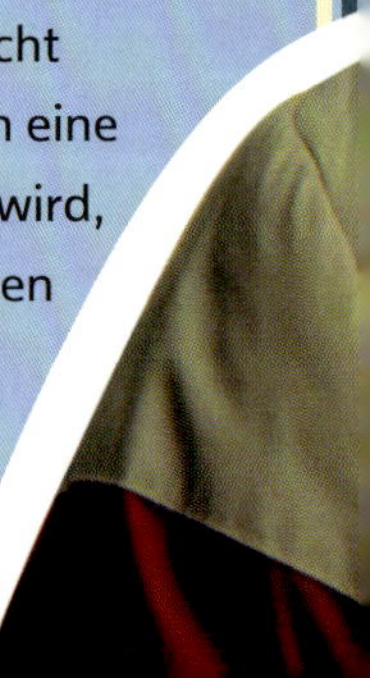

Es gibt unendlich viele Faktoren, die sich auf die psychische Gesundheit auswirken können, und jede*r geht auf eine andere Weise damit um. Was die eine vielleicht mit einem Achselzucken abtut, kann den anderen unbewusst triggern und eine tiefe Krise auslösen. Die eine perfekte Lösung, mit bestimmten Situationen fertigzuwerden, gibt es nicht. Aber je mehr du über deine psychische Gesundheit weißt, desto besser kannst du sie verstehen und möglichen Problemen frühzeitig entgegenwirken.

GEFÜHLE

Freunde hören sich nämlich zu.
OTIS

Vieles im Leben kann sich auf dein psychisches Wohlbefinden auswirken. Zu den häufigsten Faktoren gehören Freundschaft, Beziehungen, Geld, große Veränderungen, lebensverändernde Entscheidungen, gesundheitliche Probleme, Sexualität, Identität oder Unzufriedenheit mit dem eigenen Körper, aber auch traumatische Ereignisse, zum Beispiel, wenn jemand, der dir nahesteht, plötzlich stirbt oder schwer krank wird.

Erhebungen zufolge haben Menschen mit Behinderungen ein rund dreimal so hohes Risiko, an einer Depression zu erkranken. Die Umstände sind von Mal zu Mal verschieden, aber oft trägt das Gefühl dazu bei, von der Welt isoliert zu sein. Zudem ist es für die Betroffenen meist schwerer, die nötige Unterstützung zu bekommen.

Mit Menschen zu sprechen, die Ähnliches durchmachen, kann enorm hilfreich sein. Dadurch fühlst du dich weniger allein und erhältst vielleicht eine andere Sicht auf die Dinge. Wenn du jemanden zum Reden brauchst, kannst du deinen Hausarzt oder deine Hausärztin bitten, eine geeignete Einrichtung für dich zu finden. Falls du dich dazu in der Lage fühlst, kannst du auch selbst im Internet nach einer passenden Selbsthilfegruppe suchen oder dich an einen Therapeuten oder eine Therapeutin wenden.

Viele Menschen haben tagtäglich mit einer Angststörung oder Depression zu kämpfen. Aber wo liegt der Unterschied?

WAS IST EINE ANGSTSTÖRUNG?

Angst oder gesteigerte Nervosität ist etwas ganz Normales, damit hat wohl so ziemlich jede*r schon Erfahrungen gemacht. Du kennst bestimmt auch dieses fiese Kribbeln im Bauch und die schwitzigen Hände, wenn eine Prüfung ansteht oder du einen Vortrag vor der ganzen Klasse halten musst. Für gewöhnlich legt sich das Gefühl von selbst wieder, aber manchmal kann es auch auf deinen Alltag übergreifen.

Anhaltende Unruhe, Angst, Beklommenheit oder Panik kann dazu führen, dass Menschen anfangen, gewisse Situationen zu meiden. Und das macht es irgendwann schwierig, ein normales Leben zu führen. Die Gedanken kreisen unaufhörlich und kommen einfach nicht zur Ruhe. Dadurch können sich die Betroffenen kaum noch entspannen und haben Mühe, in den Schlaf zu finden.

Es gibt einige Methoden, wie sich diese Gefühle zumindest verringern lassen. Möglicherweise musst du ein paar verschiedene ausprobieren, bevor du die richtige für dich findest.

- Beobachte, welche Situationen ein gesteigertes Angstempfinden in dir auslösen. So lernst du, sie besser zu verstehen, und merkst vielleicht, dass sie alle etwas gemeinsam haben. Das kann dir helfen, das Problem langfristig in den Griff zu bekommen.
- Setz feste Zeiten am Tag fest, an denen du dir bewusst erlaubst, dich mit deinen Sorgen zu beschäftigen.
- Schreib deine Ängste und Sorgen auf und überleg dir, was du dagegen unternehmen kannst. Gibt es eine Lösung dafür? Was kannst du den Gedanken entgegenhalten?
- Versuch es mit gezielter Entspannung, Atemübungen, Yoga oder Achtsamkeitstraining – es gibt jede Menge Apps, die dir helfen können, deine Gedanken von den Ängsten weg ins Hier und Jetzt zu lenken.
- Wenn deine Ängste deinen Alltag stark beeinträchtigen oder du das Gefühl hast, alleine nicht dagegen anzukommen, kann eine professionelle Therapie helfen.

Wenn die Leute mir begegnen, halten sie mich normalerweise für ziemlich locker und entspannt. Sie ahnen nicht, dass ich mit einer heftigen Angststörung zu kämpfen habe, weil ich das nach außen hin meist gut verbergen kann. Erst als ich mit Jackson offen darüber geredet habe und er mir von seinen Ängsten erzählt hat, ist mir klar geworden, dass ich damit nicht alleine bin und mich deswegen auch nicht verstecken muss. Meine Gefühle zu unterdrücken, bringt nichts, das weiß ich jetzt.

CAL

WAS SIND DEPRESSIONEN?

Wir alle haben vermutlich schon mal gesagt: »Das macht mich depressiv«, wenn wir irgendetwas Trauriges gesehen oder gehört haben. Eine Depression zu haben, bedeutet jedoch, über Wochen oder sogar Monate hinweg anhaltend traurig und niedergeschlagen zu sein. Wer schon mal damit zu tun hatte, beschreibt das Gefühl oft, als würde ein schweres Gewicht auf einem lasten, das man einfach nicht abwerfen kann, oder als wäre man in einem dunklen Raum eingesperrt und fände den Ausgang nicht. In solchen Phasen kann es einem erscheinen, als würde es nie wieder besser werden. Zuweilen kommen dann noch finstere, irrationale oder selbstzerstörerische Gedanken hinzu, die potenziell lebensgefährlich sein können.

ICH BIN ANDAUERND TRAURIG. – RUBY

Manchmal kann eine Depression durch ein bestimmtes Ereignis ausgelöst werden, zum Beispiel eine traumatische Erfahrung oder einen schmerzlichen Verlust. In vielen Fällen gibt es jedoch keinen klar ersichtlichen »Grund«. Neben den oben beschriebenen Gefühlen von Traurigkeit und Hoffnungslosigkeit können Depressionen zusätzlich auch körperliche Symptome hervorrufen, darunter extreme Müdigkeit, Schlaflosigkeit, mangelnder Appetit sowie Schmerzen und allgemeines Unwohlsein.

Für jede*n Betroffene*n können sich Depressionen anders anfühlen. Wichtig ist: Wenn du glaubst, du könntest eine Depression haben, such dir so schnell wie möglich Hilfe.

Mit der richtigen Behandlung lassen sich Depressionen gut in den Griff kriegen und manchmal sogar ganz heilen. Die Therapie richtet sich dabei nach der Schwere der Erkrankung, aber auch nach individuellen Bedürfnissen: Für manche ist eine Gesprächstherapie ideal, andere kommen mit einer kognitiven Verhaltenstherapie, Selbsthilfegruppen und/oder nachhaltigen Verhaltensänderungen besser zurecht. In vielen Fällen können auch Medikamente, sogenannte Antidepressiva, helfen.

ANDERE **PSYCHISCHE ERKRANKUNGEN**

Angststörungen und Depressionen sind nur zwei Krankheiten von vielen. Falls du das Gefühl hast, du könntest an einer psychischen Erkrankung leiden, zögere nicht, dir Hilfe zu suchen. Selbst wenn du nur ein paar erste Hinweise an dir wahrnimmst, dass vielleicht etwas nicht stimmt, sprich bitte mit jemandem darüber. Wie bei allen Krankheiten ist es besser, Maßnahmen zu ergreifen, *bevor* es richtig schlimm wird.

PANIKSTÖRUNG

Eine Panikstörung ist eine spezielle Form der Angststörung. Betroffene erleben plötzliche, heftige Angst- oder Panikanfälle, die sie nicht kontrollieren können. Oftmals gibt es für diese Panikattacken keinen erkennbaren Auslöser, sie können also jederzeit und überall auftreten.

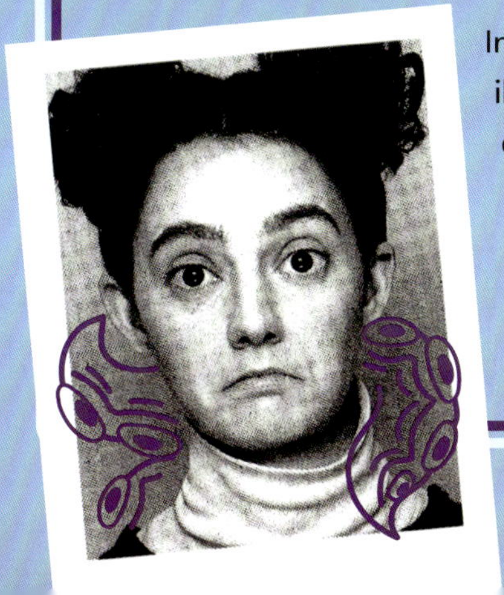

In vielen Fällen merkt man den Betroffenen ihre Erkrankung nicht an. Manchmal sind es gerade diejenigen unter uns, die auf den ersten Blick alles perfekt im Griff zu haben scheinen. Damit täuschen sie leicht darüber hinweg, wie es in ihrem Inneren aussieht.

Für alle anderen in der Schule sah es aus, als hätte ich das perfekte Leben. Ich war beliebt, immer gut gelaunt, der Star des Schwimmteams. Die Mädchen lagen mir zu Füßen. Ich wollte nicht zugeben, dass ich Angstattacken hatte, denn worüber musste ich mir schon Sorgen machen? Aber manchmal waren die Anfälle so schlimm, dass ich glaubte, ich würde sterben. Zum Glück habe ich gelernt, zumindest einen Teil der Ursachen dafür zu verstehen, und vor allem: offen darüber zu reden. Das hat mir sehr geholfen, meine Panikattacken in den Griff zu bekommen.

JACKSON

Die Tatsache, dass die Panikattacken oft wie aus dem Nichts auftreten können, macht die Sache für die Betroffenen nur noch schlimmer. Oft entwickeln sie eine regelrechte Angst vor der Angst, was zu einem wahren Teufelskreis werden kann.

Als ich mitgekriegt habe, dass sich Jackson selbst verletzt, war mir klar, dass ich etwas unternehmen musste. Wir sind schließlich Freunde. Ich wusste, dass er Hilfe braucht, deswegen habe ich mit seinen Eltern gesprochen.

VIV

Symptome einer Panikattacke können sein:

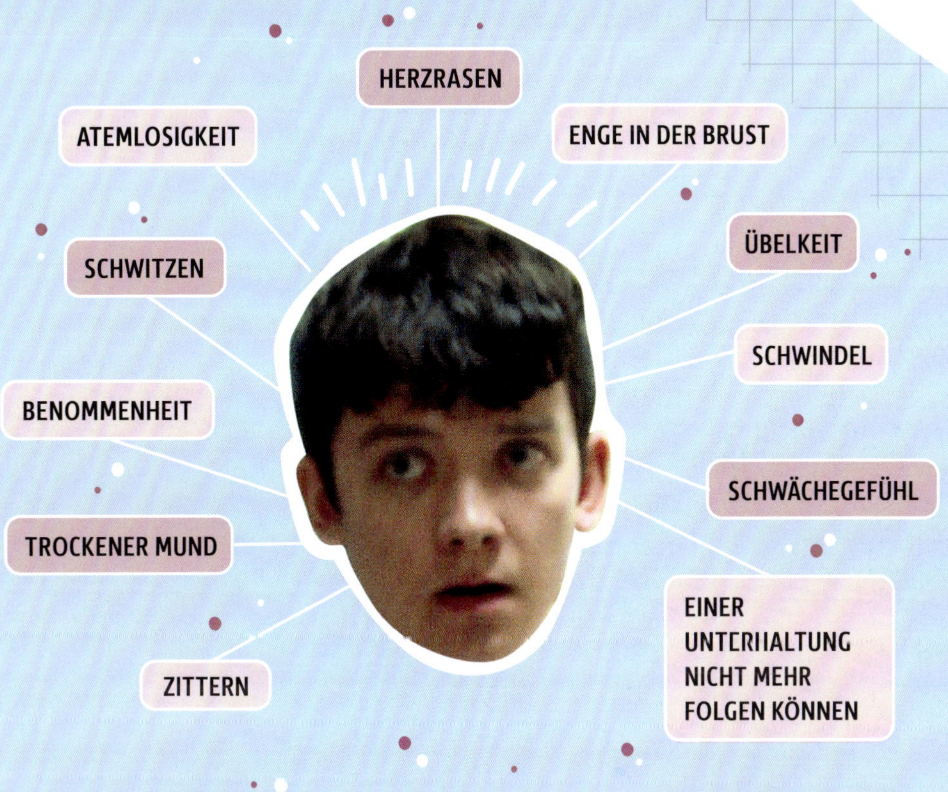

Panikattacken dauern im Schnitt zwischen fünf und zwanzig Minuten, in extremen Fällen können sie aber auch bis zu einer Stunde anhalten. Manche Menschen erleiden mehrmals pro Woche eine, andere trifft es nur alle paar Monate.

Wichtig: So beängstigend sich Panikattacken für die Betroffenen und die Menschen um sie herum auch anfühlen können – sie sind nicht gefährlich. Zudem gehören sie zu den am besten behandelbaren psychischen Erkrankungen. Trotzdem (oder vielmehr: gerade deswegen) solltest du damit unbedingt zum Arzt gehen. Dort werden in einem Gespräch zunächst deine Beschwerden festgestellt. Unter Umständen werden danach noch ein paar Tests durchgeführt, um sicherzugehen, dass keine körperlichen Ursachen dahinterstecken. Zu guter Letzt wirst du zur Behandlung an einen Therapeuten oder eine Therapeutin weiterverwiesen. Helfen kann zum Beispiel eine Gesprächstherapie. Und es gibt auch medikamentöse Behandlungsmöglichkeiten.

SCHLAFSTÖRUNG

Eine Schlafstörung kann dann vorliegen, wenn du Schwierigkeiten hast, einzuschlafen, durchzuschlafen oder am nächsten Morgen völlig erschöpft aufwachst, obwohl du eigentlich lange genug geschlafen hast.

Schlaflosigkeit ist an sich nichts Ungewöhnliches (jede*r von uns lag wohl schon mal um vier Uhr morgens wach und konnte einfach nicht aufhören, darüber nachzudenken, wer aus einem Kampf zwischen einem Hai und einem Löwen als Gewinner hervorgehen würde). Aber bei manchen Menschen kann dieser Zustand Wochen, Monate oder sogar Jahre anhalten. Extremer Schlafmangel wirkt sich nicht nur auf die Stimmung aus, sondern auch auf die Konzentrationsfähigkeit. In besonders schweren Fällen kann er sogar Angststörungen oder Depressionen verursachen.

Stress, Sorgen, Alkohol, Koffein, eine laute Umgebung und ein unbequemes Bett sind alles Faktoren, die eine Schlafstörung begünstigen können.

Oft hilft es schon, sich gesündere Schlafgewohnheiten anzutrainieren. Zum Beispiel:

Gewöhne deinen Körper an einen regelmäßigen Rhythmus, indem du jeden Tag zur gleichen Zeit ins Bett gehst und aufstehst.

Sorg für eine angenehme Schlafzimmertemperatur.

Meide spätestens eine Stunde vor dem Schlafengehen alles, was einen Monitor hat: Fernseher, Laptop, Handy ...

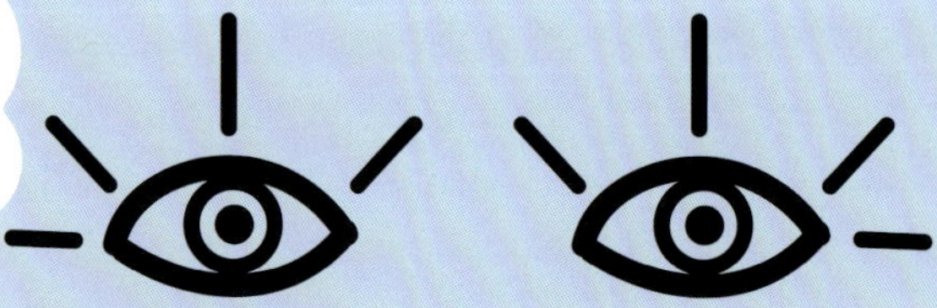

Ohrstöpsel dämpfen Umgebungslärm.

Regelmäßig Sport oder Bewegung. Am besten täglich.

Ist deine Matratze bequem genug?

Ein ausreichend dunkles Zimmer hilft beim Schlafen. Zur Not tut's auch eine Augenmaske.

Schlafmittel sind eher nicht zu empfehlen. Sie können die Schlafprobleme auf Dauer noch verschlimmern und haben zudem oft Nebenwirkungen. Falls die Tipps auf der vorigen Seite nicht helfen oder der Schlafmangel sich negativ auf deine Lebensqualität auswirkt, sprich mit deinem Arzt oder deiner Ärztin.

SELBSTVERLETZENDES VERHALTEN

Wenn du dir selbst Verletzungen beibringst oder anderweitig körperlichen Schaden zufügst, gilt dies als selbstverletzendes Verhalten. Manche Menschen versuchen auf diese Weise, mit Überforderung, schmerzhaften Erinnerungen oder einem Gefühl von Kontrollverlust fertigzuwerden.

Der Reiz dieses Verhaltens liegt oftmals darin, dass durch den körperlichen Schmerz emotionales Leid vorübergehend betäubt wird. Die Erleichterung hält jedoch meist nicht lange an, was dazu führt, dass sich die Betroffenen hinterher genauso schlecht fühlen wie vorher (oder sogar noch schlimmer) – ein Teufelskreis. Ursachen für selbstverletzendes Verhalten sind oft traumatische Erlebnisse in der Vergangenheit oder ein Gefühl akuter Überforderung. Manchmal gibt es aber auch keinen klar ersichtlichen Grund dafür.

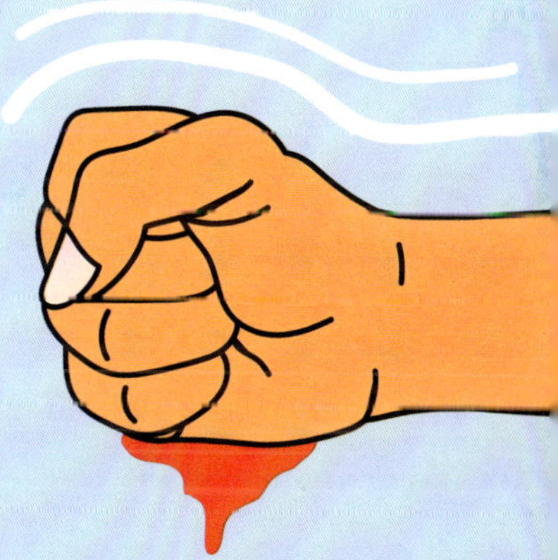

Falls du dich bereits selbst verletzt hast oder mit dem Gedanken spielst, es zu tun, geh bitte schnellstmöglich zum Arzt oder wende dich an eine Beratungsstelle.

BIPOLARE STÖRUNG

Von einer bipolaren Störung ist die Rede, wenn jemand unter extremen Stimmungsumschwüngen leidet.

Die Betroffenen erleben Zeiten, in denen sie über alle Maßen glücklich, energiegeladen und voller Tatendrang sind. Dieser Zustand nennt sich Manie. Darauf folgt oft eine Phase tiefster Depression, in der sie sich niedergeschlagen, antriebs- und hoffnungslos fühlen. Dies kann bis zu Selbstmordgedanken führen.

Im Gegensatz zu normalen Stimmungsschwankungen können diese Phasen jeweils mehrere Wochen oder sogar noch länger anhalten. In vielen Fällen wird bei den Betroffenen zunächst eine klinische Depression festgestellt, da diese Phasen oft länger dauern und als schwerwiegender wahrgenommen werden.

Heilbar ist diese Krankheit bisher nicht, sie lässt sich aber durch eine Vielzahl von Therapieansätzen weitgehend in den Griff bekommen. Dazu gehört, Auslöser und Anzeichen für manische und depressive Episoden erkennen zu lernen, aber auch Gesprächstherapie und die Einnahme von Medikamenten. Wie genau das für jede*n Einzelne*n aussieht, wird mit dem Arzt bzw. der Ärztin individuell abgestimmt.

Volksfeste sind die Ablenkung von der Unvermeidbarkeit des Todes.

MAEVE

ZWANGSSTÖRUNG

Menschen mit einer Zwangsstörung leiden unter zwanghaften Gedanken und Verhaltensweisen.

Zwanghafte Gedanken sind Gedanken und Impulse, die sich den Betroffenen wiederholt und unkontrolliert aufdrängen, ohne dass diese sich dagegen wehren können. Zwangshandlungen sind Handlungen, welche die Betroffenen wieder und wieder durchführen müssen, um ihre zwanghaften Gedanken vorübergehend zu beruhigen. Typische Beispiele sind der Drang, mehrfach zu überprüfen, ob ein Gerät auch wirklich ausgeschaltet ist, oder das Bedürfnis, etwas zum wiederholten Mal zu putzen. Manche Menschen glauben auch, dass etwas Schlimmes passiert, wenn sie eine bestimmte Handlung nicht exakt drei-, fünf- oder zwanzigmal durchführen (die Zahlen können variieren).

Eine Zwangsstörung kann jede*n treffen, oft entwickelt sie sich aber erst im frühen Erwachsenenalter. In extremen Fällen ist es den Betroffenen nicht mehr möglich, ein normales Leben zu führen. Spätestens dann sollte professionelle Hilfe in Anspruch genommen werden.

Wie immer ist dein Arzt oder deine Ärztin die beste Anlaufstelle. Es gibt aber auch Telefonhotlines und Selbsthilfegruppen, die helfen können, deine Zwänge in den Griff zu bekommen, solange sie noch nicht allzu stark ausgeprägt sind.

ESS**STÖRUNGEN**

Essstörungen sind psychische Erkrankungen, bei denen die Gedanken und Verhaltensweisen der Betroffenen fast nur noch um ihren Körper und Essen kreisen. Ursachen sind meist emotionale Faktoren. Mädchen und Frauen erkranken deutlich öfter daran, vor allem im Teenageralter, was aber nicht bedeutet, dass Jungen und Männer sie nicht auch entwickeln können.

Wenn du den Verdacht hast oder sogar schon weißt, dass du eine Essstörung hast, sprich bitte mit einem Arzt oder einer Ärztin darüber. Er oder sie kann dir helfen, die passende Behandlung zu finden.

Die am weitesten verbreiteten Essstörungen sind:

DYSMORPHOPHOBIE

Auf Deutsch auch Körperbildstörung oder Entstellungssyndrom genannt. Menschen, die daran leiden, nehmen bestimmte Stellen oder Eigenschaften ihres Körpers als hässlich oder entstellt wahr, auch wenn dies objektiv nicht der Fall ist. Dadurch fühlen sie sich oft unattraktiv, übergewichtig oder sogar wertlos.

Diese Wahrnehmung hat nichts mit Eitelkeit zu tun. In extremen Fällen kann die Erkrankung sich so sehr auf den Alltag der Betroffenen auswirken, dass sie sich kaum noch aus dem Haus trauen.

MAGERSUCHT

Magersucht – oder Anorexie – ist eine Erkrankung, bei der die Betroffenen ihre Nahrungsaufnahme stark beschränken und kontrollieren, um ein möglichst niedriges Körpergewicht zu erzielen. Oft treiben sie zusätzlich exzessiv Sport, meiden bestimmte Nahrungsmittelgruppen komplett oder versuchen, aufgenommene Nahrung durch Erbrechen oder mithilfe von Abführmitteln wieder loszuwerden. Eine verzerrte Körperwahrnehmung führt dazu, dass sie sich selbst dann noch als übergewichtig betrachten, wenn sie bereits lebensgefährlich abgemagert sind.

BULIMIE

Bulimie – auch als Ess-Brech-Sucht bekannt – bedeutet, dass die Betroffenen anfallsartig große Mengen Essen zu sich nehmen. Zum Ausgleich erbrechen sie die Nahrung anschließend wieder oder versuchen, sie durch die Einnahme von Abführmitteln auszuscheiden. In vielen Fällen wechseln sich diese Anfälle mit längeren Phasen ab, in denen die Betroffenen nur wenig essen und exzessiv Sport treiben, um die überschüssigen Kalorien loszuwerden.

BINGE-EATING-STÖRUNG

Binge-Eating ist der englische Begriff für plötzliche, unkontrollierte Heißhungerattacken (umgangssprachlich auch nicht sehr schmeichelhaft »Fressanfälle« genannt). Betroffene verspüren ein plötzliches Verlangen nach Essen, wodurch sie in kurzer Zeit große Mengen Nahrung aufnehmen, die weit über das eigentliche Hungergefühl hinausgehen. Anders als bei der Bulimie versuchen sie nicht, das Essen anschließend zu erbrechen oder abzuführen,

Ich hab was von Chinchillas erzählt, die sich selbst einen blasen.

OTIS

allerdings folgen auch hier auf einen Essanfall oft längere Phasen, in denen die Ernährung stark eingeschränkt wird, um die zusätzliche Kalorienaufnahme auszugleichen. Binge-Eating steht oft mit Scham- oder Schuldgefühlen in Verbindung, die durch die Anfälle meist noch verstärkt werden.

DU MUSST DA **NICHT ALLEINE DURCH**

Wenn du in irgendeiner Form mit psychischen Problemen zu kämpfen hast, sprich mit jemandem darüber. Du musst nicht alleine damit fertigwerden. Egal ob du dich lieber einem Freund oder einer Freundin anvertraust, mit jemandem aus deiner Familie redest oder dir professionelle Hilfe suchst: Es sind *immer* Menschen für dich da.

SEI WIE **OLA!**

Nur wenige Menschen fühlen sich so wohl in ihrer Haut wie Ola. Sie weiß genau, wer sie ist, und sieht keinen Grund, an sich zu zweifeln.

Egal ob bei der Auswahl ihrer Kleider (ist ihr Style nicht einfach zum Knutschen?) oder in ihrem Umgang mit anderen Menschen: Sie hat nie das Bedürfnis, sich zu verstellen, um irgendwen zu beeindrucken. Sie hat keine Angst, für ihre Überzeugungen einzustehen oder ihre Meinung zu sagen, wenn es nötig ist. Alles in allem ist es schwer, sie nicht zu mögen. Bleibt die Frage: Wie können wir alle ein bisschen mehr wie Ola werden?

1 Sag, was du zu sagen hast. Freundlich, aber bestimmt.

Ola ist brillant darin, ihren Standpunkt zu vertreten, ohne rumzubrüllen oder mit den Füßen zu stampfen. Wenn du willst, dass die Leute deine Meinung respektieren, bring sie ruhig, aber entschlossen zum Ausdruck.

2 Hab keine Angst vor deinen Gefühlen.

Wenn Ola wütend auf Otis ist oder ihr Dad sie mal wieder in den Wahnsinn treibt, geht sie offen und direkt damit um. Sie weiß, wie wichtig es ist, zu seinen Gefühlen zu stehen und sie nicht kleinzureden.

3 Sei offen.

Obwohl die anderen Adam bereits abgeschrieben hatten, hat Ola sich davon nicht beirren lassen. Sie hat sich Zeit genommen, hinter die harte Schale zu blicken und den wahren Adam kennenzulernen. Dadurch hat sie einen echten Freund gefunden. Wäre es nicht schön, wenn wir alle öfter so wären?

4 Versuch nicht, andere zu beeindrucken.

Ola kümmert es nicht, was andere von ihr halten. Sie weiß, wer sie ist, und wenn jemand sie so mag, prima. Und wenn nicht? Ist ihr das so was von EGAL.

5 Sei du selbst.

Ola hat niemals das Bedürfnis, sich zu verstellen. Von morgens nach dem Aufwachen bis abends, wenn sie ins Bett geht: Sie ist immer sie selbst. 100 % Ola.

11

WEGWEISER ZUM GLÜCK (JEDENFALLS FÜR DIE ERSTEN SCHRITTE DORTHIN)

Wäre es nicht toll, wenn wir einfach nur an einer magischen Lampe reiben müssten, und schwupps, wären all unsere Ängste und Sorgen verflogen? Leider läuft es im wahren Leben nicht ganz so leicht. Sonst wäre der Besitzer des Lampenladens jetzt wohl stinkreich und sehr, sehr glücklich.

Für das Leben gibt es keine Bedienungsanleitung. Wir alle haben unsere Höhen und Tiefen, unsere Kämpfe und Triumphe. An manchen Tagen wachen wir auf und sprühen vor Freude und Energie, an anderen kommen wir morgens kaum aus dem Bett. Alles, was du tun kannst, ist, dein Bestes zu geben, aus deinen Fehlern zu lernen und die schönen Momente mitzunehmen, wann immer sie sich bieten.

DAS LEBEN IST **EINE ACHTERBAHN**

Wie schön die Welt doch wäre, wenn alle glücklich und zufrieden durchs Leben treiben würden. Aber selbst Menschen, die so zauberhaft sind wie Aimee oder so nett und witzig wie Otis, machen mehr Tiefs durch als eine Wetterkarte. Ein dummer Kommentar hier, ein strenger, überkritischer Elternteil da (hi, Adam!) und dein Selbstwertgefühl ist im Keller.

Manchmal fühlt sich das Leben an, als wären wir Figuren in einer endlosen Partie ...

Selbstwert-Leiterspiel.

Im einen Moment erklimmst du die Leiter nach Zufriedenhausen, im nächsten saust du drei Stockwerke in die Tiefe und landest unsanft auf deinem Allerwertesten.

Jede*r hat mal zu kämpfen, egal ob es nur ein paar schlechte Tage sind oder eine psychische Erkrankung, wie in Kapitel 10 beschrieben. Manche haben größere Hindernisse zu überwinden als andere, aber letztlich hat jede*r von uns Phasen, in denen sie/er sich traurig oder einsam fühlt, sich langweilt oder ärgert. Menschen verfügen über eine riesige Bandbreite an Gefühlen und niemand kann rund um die Uhr glücklich sein.

Es ist nicht immer einfach, sich nicht unterkriegen zu lassen. Manchmal muss man sich bewusst für sein Glück entscheiden und die Augen danach offen halten, wo immer man kann.

Hier kommen zehn Tipps, die dir dabei helfen können.

1 HÖR NUR AUF MENSCHEN, DIE DIR WICHTIG SIND

Auf dem Weg zum Klamottenladen hat dich jemand im Vorbeigehen als widerlich bezeichnet. Dein erster Gedanke ist vermutlich: *Warum?* So eine beiläufige Beleidigung kann dir den ganzen Tag, die Woche oder sogar den Monat verderben und sehr wahrscheinlich erfährst du nicht mal den Grund dafür. Aber bevor du jetzt anfängst, deine Frisur/Kleiderwahl/Körperhygiene infrage zu stellen, sieh es doch mal so: Vielleicht hatte die Person bloß einen miesen Tag, war neidisch auf deine hammermäßigen Schuhe oder war in Gedanken gerade zufällig bei ihrem oder ihrer Ex, als du vorbeigelaufen bist.

Die einzigen Menschen, auf deren Einschätzung du hören solltest, sind die, die dich kennen und lieben. Wenn jemand, dem du vielleicht noch nie zuvor begegnet bist, meint, irgendetwas Gemeines über dich sagen zu müssen, ist er oder sie wahrscheinlich einfach nur ein Arsch. Und wen interessiert, was ein Arsch von dir denkt?

2 LASS DIE VERGLEICHERITIS

Vielleicht denkst du manchmal: »Warum kann ich nicht so wie der da aussehen?«, oder: »Das, was die hat, hätte ich auch gern«. Aber dich ständig mit anderen zu vergleichen, macht auf Dauer bloß unglücklich.

Klar, wir alle tun das hin und wieder. Sogar die größten Stars vergleichen sich bestimmt andauernd mit anderen Promis und weinen in ihre Louis-Vuitton-Bettwäsche, wenn jemand anderes die Rolle kriegt, die sie unbedingt wollten. Zurückweisung tut weh, egal, wie erfolgreich man auch ist. Aber selbst wenn du es jetzt gerade vielleicht noch nicht glauben kannst: Du bist gut so, wie du bist.

3 DON'T BELIEVE THE HYPE

Jede*r weiß, dass das, was in den sozialen Medien zu sehen ist, mit der Realität nicht viel zu tun hat. Wenn die Leute auf Instagram ständig allen mitteilen müssen, wie toll ihr Leben doch ist, frag dich ruhig, woran das liegt.

Die sozialen Medien sind wie dafür geschaffen, den Neid in uns zu wecken und unsere größten Unsicherheiten hervorzukramen. Fakt ist jedoch, was wir dort Tag für Tag gezeigt bekommen, sind nur die absoluten Schokoladenseiten.

Welcher Influencer lädt schon ein Foto von sich hoch, auf dem er von seiner Mum ausgeschimpft wird, weil er vergessen hat, die Spülmaschine auszuräumen?

Egal wie viele Follower und Likes ein Profil hat, die Person dahinter hat ganz sicher mit eigenen Problemen zu kämpfen. Niemand ist immun gegen Alltagsstress. Haustiere sterben, Freundschaften zerbrechen oder die heiß begehrten Sneakers, auf die man sich seit Wochen gefreut hat, sind binnen Sekunden ausverkauft.

4 BLEIB IN VERBINDUNG

Kluge Menschen haben wissenschaftlich erwiesen, dass Leute, die regelmäßig persönlichen Kontakt zu ihren Freund*innen und Familien haben, ein besseres Selbstwertgefühl haben. Einsamkeit ist eine schlechte Freundin, während die richtigen Leute einem sogar noch einen ordentlichen Push geben können.

Es gibt Tage, da möchte man sich am liebsten mit haufenweise Knabberzeug unter der Bettdecke verkriechen und alle Folgen seiner Lieblingsserie durchsuchten. Aber alles hat seine Grenzen. Wenn du in einem Berg aus Krümeln aufwachst, die du keinem Essen mehr zuordnen kannst, wird es Zeit, in die echte Welt zurückzukehren und mal wieder mit lebendigen Menschen zu sprechen.

5 SAG DER FIESEN STIMME IN DEINEM HINTERKOPF, SIE SOLL DIE KLAPPE HALTEN

Du weißt schon, diese Stimme, die dir ständig weismachen will, du wärst nicht gut genug. Das ist dein bösartiges kleines Alter Ego, das den ganzen Tag nichts Besseres zu tun hat, als dich runterzuputzen. Leider verschwindet es nicht einfach irgendwann von selbst, sondern man muss ihm andauernd lautstark widersprechen. Und das kann ganz schön anstrengend sein. Wie wär's, wenn du diesem Miesepeter in deinem Kopf einen Namen gibst? Und wenn er dir das nächste Mal blöd kommt, jag ihn zum Teufel.

Hey, du siehst echt kacke aus heute. Ist das ein neuer Pickel, den du da hast? Du hast echt nur Mist geredet, als du Tim vorhin begegnet bist. Bestimmt denkt er, du bist der letzte Vollidiot.

Halt's Maul.

Das klingt jetzt vielleicht total billig, aber probier's ruhig mal aus und du wirst sehen: Mit der Zeit funktioniert es tatsächlich. Gib der Nörgelstimme in deinem Kopf keinen Raum, dann hat sie bald nichts mehr zu sagen.

Schenk dir Blumen statt böser Worte.

6 TU JEMAND ANDEREM ETWAS GUTES

Wenn du nicht gut drauf bist, kann es manchmal auch helfen, etwas Nettes für jemand anderen zu tun. Das lenkt ab und gibt gleichzeitig ein schönes Gefühl.

Es muss auch nichts Großes sein. Ruf deinen Kumpel an, der gerade Liebeskummer hat, und lass ihn eine Weile sein Herz ausschütten.

Manchmal ist es leicht, in Selbstmitleid zu versinken, ohne es zu merken. In so einem Moment ist es gut, sich aus seinem Schneckenhaus zu zwingen und die Welt mit anderen Augen zu betrachten. Du musst dich ja nicht gleich an der nächsten Ecke auf die Lauer legen, um nach armen alten Damen Ausschau zu halten, denen du über die Straße helfen kannst. Sag beim Essen einfach mal »Danke fürs Kochen«, auch wenn die Karotten für deinen Geschmack etwas zu bissfest waren.

7 GIB ARSCHGEIGEN DEN LAUFPASS

Hast du Menschen in deinem Umfeld, die dich ständig runterziehen? Halt dich fest: Du fühlst dich automatisch besser, wenn du nichts mehr mit ihnen zu tun hast. Hammer, oder?

Der größte Gefallen, den du dir selber tun kannst, ist, den Kontakt zu toxischen Personen abzubrechen. Wozu gibst du dir all die Mühe, nett zu dir zu sein und ein positives Selbstbild aufzubauen, wenn dann jemand kommt und alles mit einem einzigen achtlosen Kommentar wieder einreißt?

Jemanden abzuservieren, ist nicht leicht, vor allem, wenn du mit der Person schon lange befreundet warst. Aber bestimmt hast du ihm/ihr mehr als eine Gelegenheit gegeben, netter zu dir zu sein. Wenn er/sie es immer noch nicht gerafft hat, ist das nicht deine Schuld. Irgendwann ist eben Schluss. Wenn du noch mal einen Auffrischer brauchst, was gute Freundschaft ausmacht und was nicht, blättere zurück zu Kapitel 1.

Würdest du ein Poster bei dir aufhängen, auf dem steht:

Nein? Was willst du dann mit jemandem, der dir das ständig vermittelt?

8 DU MUSST NICHT BEI ALLEM DABEI SEIN

Es wird immer Partys geben, zu denen du nicht eingeladen bist. Oder du kannst nicht mit deinen Freund*innen ins Kino, weil irgendwer in der Familie Geburtstag hat. Na und? Das Leben geht weiter und meistens verpasst du gar nicht so viel. Wenn du absolut jedem Ereignis hinterherhechelst, hast du bald keine Zeit mehr für dich – und das willst du doch bestimmt auch nicht, oder?

Trau dich ruhig, jemandem abzusagen, wenn du gerade nicht in der Stimmung bist. Die nächste Party kommt garantiert. Nur weil du mehr Lust darauf hast, es dir zu Hause gemütlich zu machen und dir die nächste Netflix-Serie reinzuziehen, macht dich das nicht zum Langweiler oder zur Spaßbremse.

9 STEH ZU DEINEN VORZÜGEN

Hör auf, dich wegen Dingen verrückt zu machen, die du nicht kannst, und konzentrier dich auf das, worin du gut bist. Niemand kann in allem gut sein. Das ist unmöglich!

Vielleicht bist du neidisch auf deine Freundin, weil die supersportlich ist, während du nicht mal ein Paar Laufschuhe besitzt. Aber wahrscheinlich wäre sie dafür gerne so witzig wie du oder eine ebenso gute Zuhörerin.

Jeder Mensch hat seine eigenen Talente und Fähigkeiten. (Mach dir doch mal eine Liste mit deinen und speichere sie in deinem Handy, damit du jederzeit darauf zurückgreifen kannst.) Also begrab den Neid und steh zu deinen vielen Vorzügen.

Manchmal, wenn man etwas Neues lernt, kann es passieren, dass man sich entblößt fühlt.

OTIS

10 FINDE HERAUS, WAS DICH GLÜCKLICH MACHT

Das klingt vielleicht wie der lahmste Spruch der Welt, aber nur, wenn du weißt, was dich glücklich macht, kannst du auch glücklich werden. Adam trainiert gerne Hunde.
Lily schreibt Alien-Pornos.
Und Maeve steht auf Bücher mit komplexen weiblichen Charakteren.

In der Sonne liegen und getoastete Käse-Sandwiches verdrücken ist toll – aber jeden Tag? Mal abgesehen davon, dass es hin und wieder auch mal regnet oder schneit, wird das auf Dauer doch ein bisschen langweilig. Finde etwas, das deine Leidenschaft weckt. Wenn dir nicht gleich was einfällt, trau dich, Dinge auszuprobieren! Im Internet gibt es jede Menge kostenlose Tutorials zu den abgefahrensten Themen. Such dir eine Gruppe, der du dich anschließen kannst, oder gründe selber eine. Möglicherweise ist nicht gleich der erste Schuss ein Volltreffer, aber so lernst du auf jeden Fall neue Dinge und findest vielleicht ein paar neue Freund*innen. Oder hast zumindest was zu erzählen.

Jahrelang war das Schwimmteam meine große Leidenschaft oder so kam es mir wenigstens vor. Aber in Wahrheit war das vor allem der Traum meiner Mum. Was ich unbedingt mal ausprobieren wollte, war Schauspielen. Lilys Version von Romeo und Julia *war vielleicht nicht ganz der Einstieg, den ich mir vorgestellt hatte, aber es war trotzdem toll, etwas zu tun, worauf ich Lust hatte.*

JACKSON

Du musst dir ja nicht gleich wie Jackson die Hand brechen, indem du sie dir zwischen schweren Gewichten einklemmst. Vielleicht bist du eher wie Rahim und stehst auf Gedichte. Oder du malst gern wie Isaac. Oder Lilys erotische Alien-Comics inspirieren dich, deiner Kreativität auf ganz eigenen Wegen Ausdruck zu verleihen. Die Möglichkeiten, neue Dinge auszuprobieren, sind nahezu endlos. In diesem Sinne, kleiner Hobby-Ninja: Gehe hin und …

… finde deine Erfüllung!

Du bist, wer du bist. Das kann dir keiner nehmen.

OTIS

ES IST DEIN **LEBEN**

Das Leben ist wie ein Puzzle und manchmal fühlt es sich an, als würden ein paar Teile fehlen. Aber an welchem Punkt du gerade auch bist, vergiss niemals: Du bist fantastisch.

Wir alle stolpern mehr oder weniger ahnungslos durchs Leben und machen dabei zwangsläufig manchmal Fehler. Mach dich also nicht verrückt, wenn mal was nicht klappt. Im Grunde ist das Rezept für ein erfülltes Leben ganz einfach: Umgib dich mit Menschen, die dich lieben und für dich da sind, bleib dir selbst treu und behandle andere mit Respekt. Wenn du dich daran hältst, klappt der Rest schon irgendwie.

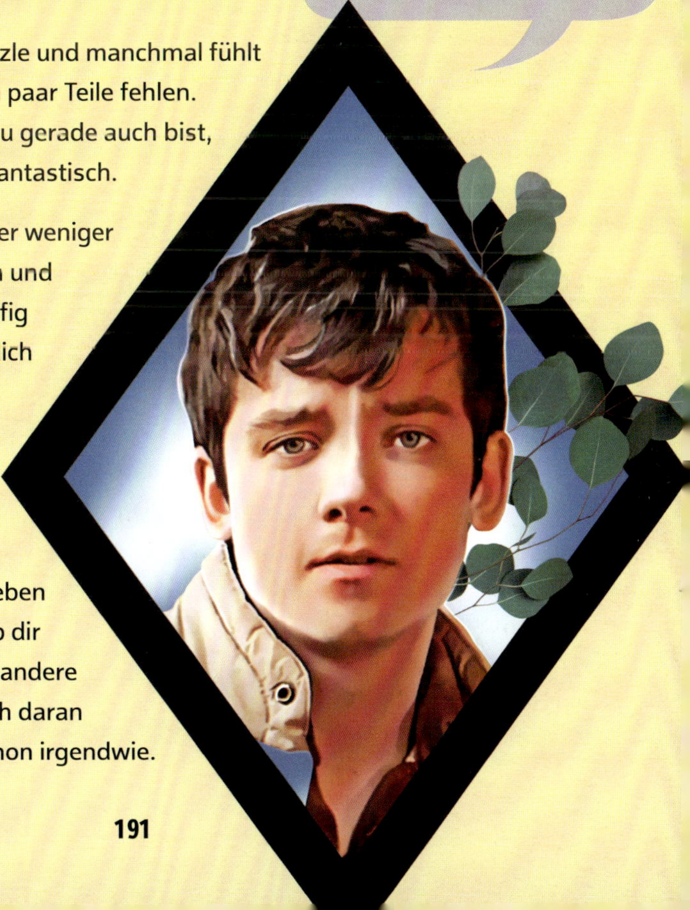

ADRESSEN

BKE-JUGENDBERATUNG www.jugend.bke-beratung.de

BUNDESZENTRALE FÜR GESUNDHEITLICHE AUFKLÄRUNG
www.bzga.de
www.bzga-essstoerungen.de
www.familienplanung.de
www.jung-und-schwanger.de
www.loveline.de

COMING OUT DAY e. V. www.comingoutundso.de
DEUTSCHE AIDSHILFE www.aidshilfe.de
FIDEO www.fideo.de
GENDERDINGS www.genderdings.de
HATEAID www.hateaid.org
HILFETELEON »GEWALT GEGEN FRAUEN« www.hilfetelefon.de
IN&OUT www.comingout.de
JUGENDNOTMAIL www.jugendnotmail.de
JUUUPORT www.juuuport.de
KLICKSAFE www.klicksafe.de
LIEBESLEBEN www.liebesleben.de
NUMMER GEGEN KUMMER e. V. www.nummergegenkummer.de
POLIZEI www.polizeifürdich.de
PRO FAMILIA e. V. www.profamilia.de
REGENBOGENPORTAL www.regenbogenportal.de
SORGEN-TAGEBUCH e. V. www.sorgen-tagebuch.de
TELEFONSEELSORGE www.telefonseelsorge.de
WEISSER RING e. V. www.weisser-ring.de
WILDWASSER e. V. www.wildwasser-berlin.de
ZARTBITTER e. V. www.zartbitter.de